지금, 아이와 시작하는 통합명상

지금, 아이와 시작하는 통합명상

1판 1쇄 발행   2026년 3월 23일

지은이   장효산, 조현숙, 윤선주
그림   이한희
펴낸이   정원우
편집총괄   민지현
디자인   홍성권

펴낸곳   어깨 위 망원경
출판등록   2021년 7월 6일 (제2021-00220호)
주소   서울시 강남구 강남대로 118길 24 3층
이메일   book@premiumpublish.com

ISBN   979-11-93200-70-4 (03100)

지금, 아이와 시작하는 통합명상

장효산
조현숙
윤선주 지음

이한희 그림

어깨 위 망원경

"아이의 미래를 위한 새로운 길, 명상"

우리 아이들이 살아가는 현대 사회는 그 어느 때보다 빠르게 변화하고 있습니다. 정보의 홍수, 디지털 기기의 사용 그리고 끊임없는 경쟁 속에서 아이들도 견디기 힘든 스트레스와 불안을 경험하고 있습니다. 이러한 환경 속에서 우리 아이들을 행복하게 하는 길은 무엇일까요? 아이들의 행복과 성장은 우리의 미래를 밝히는 일이고, 우리 모두가 같이 고민해야 할 문제입니다. 무엇보다도 아이들의 정서적, 심리적 안정을 위한 실질적인 도구가 필요합니다. 그중 하나가 바로 명상입니다.

명상은 단순히 고요하게 앉아 있는 것이 아닙니다. 그것은 자신의 내면을 탐구하고, 현재 순간에 깨어 있는 능력을 기르는 과정입니다. 이 과정을 통해 아이들은 자신의 감정을 인식하고 조절하는 법을 배우며, 타인에 대한 공감 능력도 키울 수 있습니다. 또한, 명상은 아이들에게 스트레스와 불안에 대처하는 건강한 방법을 제공합니다. 어린 시절부터 명상을 경험하면, 그것은 평생 자신을 지키는 든든한 버팀목이 됩니다. 힘든 순간에 자신의 내면으로 돌아가 평화를 찾을 수 있는 능력, 매 순간 깨어 있는 마음으로 삶을 대하는 태도는 어른이 되어서도 큰 자산이 될 것입니다.

오늘날 서구 사회를 비롯해 많은 지역에서 명상을 통하여 스트레스를 해소하고 행복을 찾고 있습니다. 어린이나 청소년 분야에서도 많은 연구가 이루어지고 있습니다. 저자들은 그동안 어린이 명상을 지도하면서, 명상이 어린이들에게 아주 필요하다고 생각하게 되었습니다. 그리하여 통합명상협회에서는 어린이 통합명상 지도자를 양성하고, 일반 선생님들과 상담 선생님들을 위한 명상 연수도 진행하고 있습니다. 또한 매년 4회에 걸쳐 200여 명의 어린이들을 대상으로 안정 어린이 명상 플레이라는 명상 프로그램을 진행해 오고 있습니다. 그 경험을 바탕으로 부모님과 선생님들을 위한 어린이 명상 가이드 북을 출판하게 되었습니다.

이 책은 이론서나 학술적인 책이 아닙니다. 부모님과 선생님들께 어린이 명상 지도를 위한 실질적인 가이드를 제공하고자 썼습니다. 명상이 처음인 부모님과 선생님들도 함께 실천할 수 있도록 구성했습니다. 연령별로 적합한 명상 기법, 일상생활에서 실천할 수 있는 명상 활동, 그리고 아이들과 함께할 수 있는 다양한 명상 게임과 활동들이 포함되어 있습니다. 명상은 어려운 것이 아닙니다. 그저 같이 하고자 하는 마음만 있으면 됩니다. 부모님과 선생님들이 아이들과 함께 명상을 쉽고 재미있게 경험할 수 있도록 구성했습니다. 부모님과 선생님들께서는 이 지도서를 통해 먼저 명상을 경험해 보시고, 그 효과를 몸소 체험해 보시기 바랍니다. 그리고 그 평화로운 경험을 아이들과 나누어주세요. 아이들은 여러분의 모습을 보며 자연스럽게 명상을 익히게 될 것입니다.

잠들기 전에 하는 짧은 호흡 명상, 식사 시간에 하는 먹기 명상, 산책하며 하는 걷기 명상 등 일상의 순간들을 명상의 기회로 활용하는 방법을 소개합니다. 이를 통해 부모, 자녀 간의 유대감을 강화하고, 가정 내 스트레스를 줄이는 데 도움이 될 것입니다. 수업 시작 전 5분간의 명상으로 학생들의 집중력을 높이고, 감정 조절이 필요한 상황에서 활용할 수 있는 즉각적인 명상 기법들을 소개합니다. 이를 통해 학급 운영이 더욱 원활해지고, 학생들의 학습 효과도 향상될 것입니다.

이 책은 주의 집중 명상, 감각 자각 명상, 정서 지능 명상, 어린이 요가 명상의 네 파트로 이루어져 있습니다. 파트별 명상은 아이들의 흥미를 끌 수 있는 창의적인 명상들로 구성되어 있습니다. '싱잉볼 명상', '역할 연기 걷기 명상', '스트레스 비행기 날리기' 등 아이들이 재미있게 참여하면서도 깊이 있는 명상 경험을 할 수 있도록 프로그램을 고안했습니다. 이 책에 담긴 명상 하나하나가 아이들의 몸과 마음을 연결하는 다리가 되기를 바랍니다.

명상은 특별한 것이 아닙니다. 그저 지금 이 순간에 온전히 머무는 것, 내면의 소리에 귀 기울이는 것입니다. 이 단순하지만 강력한 도구를 통해 우리 아이들이 자기 내면의 힘을 발견하고, 더 행복하고 평화로운 삶을 살아가기를 진심으로 바랍니다. 우리 아이들이 마음의 중심을 잃지 않고, 자신의 내면에서 힘과 지혜를 찾을 수 있는 능력을 기르는 것! 이것이 제가 이 책을 통해 이루고자 하는 궁극적인 목표입니다. 부모님과 선생님들께서도 이 책을 통해 아이들과 함께 명상을 체험하며 몸과 마음이 더욱 건강한 삶을 사시기를 바랍니다.

함께 호흡하고, 함께 성장하는 아름다운 여정에 여러분을 초대합니다.

이 책의 활용을 돕기 위해서 한국통합명상협회에서 오디오 파일과 영상 파일을 준비하였습니다. QR코드로 한국통합명상협회의 어린이 명상 프로그램에 접속하시어 많이 활용하시기를 바랍니다.

차례

5부 정서 지능 명상

6부 어린이 요가 명상

1부

왜,
지금 아이에게
명상이 필요한가?

1.

어린이도
스트레스가 있어요

어린이들도 스트레스가 있습니다. 어린이들은 큰 걱정이나 스트레스가 없을 것이라고 생각하기 쉽습니다. 그러나 어린이들도 어른 못지않게 다양한 스트레스가 있습니다. 특히 몸과 마음이 계속 성장하는 어린이들에게는 스트레스 관리가 아주 중요한 문제입니다. 스트레스는 어린이들의 신체 건강과 성장, 학업 수행, 교우 관계 등에 중대한 영향을 미칩니다. 또한 성인이 되어서도 영향을 미칠 수 있습니다. 스트레스를 효과적으로 관리하는 것이 어린이들의 건강한 성장과 밝은 미래에 매우 중요합니다.

어린이들이 겪는 스트레스의 원인은 다양합니다. 가장 흔한 원인 중 하나는 학업입니다. 한국 사회에서는 어린 나이부터 학업에 대한 강한 압박감을 느끼게 됩니다. 시험, 숙제, 성적에 대한 부담감은 어린이들에게 큰 스트레스 요인이 됩니다. 또한 친구 관계나 사회적 상호 작용에서 오는 스트레스도 무시할 수 없습니다. 집단 따돌림, 친구와의 갈등, 새로운 환경에 대한 적응 등은 어린이들에게 큰 심리적 부담을 줄 수 있습니다.

가정 환경 역시 중요한 스트레스 요인입니다. 부모의 이혼, 가정불화, 경제적 어려움 등은 어린이들에게 큰 영향을 미칩니다. 때로는 부모의 과도한 기대도 스트레스의 원인이 될 수 있습니다. 최근에는 디지털 기기 사용 증가로 인한 새로운 형태의 스트레스도 나타나고 있습니다. 소셜 미디어로 접하는 거짓 정보, 사이버 왕따, 게임 중독 등이 그 예라고 할 수 있습니다.

어린이들의 스트레스 증상은 다양한 형태로 나타납니다. 집중력 저하, 학업 수행 능력 하락, 잦은 짜증과 분노 표출, 심각한 경우 우울증이나 불안 장애로 발전할 수도 있습니다. 또한 두통, 복통, 소화 불량, 식욕 변화, 수면 장애 등의 신체적 증상이 나타날 수 있습니다. 행동의 변화가 나타나기도 합니다. 공격적인 행동을 보이기도 하고, 반대로 위축되거나 우울해지기도 합니다. 대인 관계 기피 현상이 나타나거나, 자존감이 떨어지기도 하고, 무력감을 느낄 수도 있습니다.

이러한 어린이 스트레스에 대한 세심한 관리가 필요합니다. 부모님과 선생님들이 어린이들의 행동 변화를 사려 깊게 관찰하고 의사소통을 해야 합니다. 어린이들과 열린 대화를 나누고, 그들의 감정을 존중하고, 의견을 경청하는 자세가 필요합니다. 또한 스트레스 해소를 위한 다양한 활동이나 상담 프로그램도 도움이 됩니다.

명상은 어린이 스트레스를 해소하는 데 아주 좋은 방법이 될 수 있습니다. 명상이 스트레스 해소 및 관리에 큰 효과가 있다는 것은 많은 연구로 증명되고 있습니다. 이는 어린이들에게도 적용됩니다. 명상은 어린이들에게 마음의 평화를 가져다주고, 집중력을 향상하며, 감정 조절 능력을 키워줍니다. 스트레스 호르몬인 코르티솔 수치를 낮추고, 행복감을 느끼게 하는 세로토닌 분비를 촉진합니다. 또한 명상은 어린이들이 자신의 감정과 생각을 더 잘 이해하고 표현할 수 있도록 돕습니다. 이는 대인 관계 개선과 자아 존중감 향상으로 이어집니다.

명상은 단기간에 효과를 볼 수는 없습니다. 그러나 어린이들이 명상하는 습관을 들인다면, 현재의 생활뿐만 아니라 미래의 삶을 위한 큰 도구를 갖추게 되는 것입니다. 부모님과 선생님들이 명상의 가치를 이해하고 어린이들과 같이 명상을 한다면, 어린이 개인에게도 도움이 되고, 행복한 가정, 건강한 사회를 이루는 토대가 될 것입니다. 학교에서의 집단 명상 프로그램이나, 가정에서의 일상적인 명상 실천 등은 어린이들의 전반적인 성장과 웰빙에 크게 기여할 수 있습니다.

지금, 아이와 시작하는 통합명상

2.

주의 집중력이
학업과 삶의 열쇠예요

주의 집중력은 정보에 집중하고, 그 집중을 계속 유지하는 능력입니다. 학업이나 일상생활을 해나가는 데 아주 중요한 능력입니다. 주의 집중 능력은 인간의 정보 처리 과정에서 핵심적인 기능을 하며, 교육, 업무 및 창의적 활동 등 다양한 영역에서 필수적인 요소로 작용합니다. 높은 주의 집중력은 학습 효율을 높이고, 복잡한 문제를 해결하는 데 도움을 줍니다. 어린이들에게 있어서는 미래를 위한 성장과 발달을 위해서 더욱 관심을 가져야 할 능력입니다.

현대 사회에서 어린이들은 수많은 정보와 자극에 노출되어 있습니다. 이러한 환경 속에서 어린이들의 주의 집중이 약해지고 산만해지기 쉽습니다. 게임 등에는 몰두하지만, 전반적인 주의 집중력은 약화될 수밖에 없습니다. 자기가 집중해야 할 대상에 집중하지 못하고, 게임 등에 정신을 빼앗기는 것입니다. 지속적으로 주의력이 부족해지고 산만해지는 경향이 생깁니다. 지속적인 주의 집중을 하지 못하니, 과잉 행동, 충동성 행동 등을 보이게 됩니다. ADHD의 경계에 있는 어린이들이 많이 보이는 것도 이러한 영향이라고 볼 수 있습니다.

무엇보다도 주의 집중력은 학습 능력과 밀접한 관련이 있습니다. 주의 집중력이 뛰어난 어린이는 학습 능력이 향상됩니다. 수업 시간에 선생님의 설명을 더 잘 이해하고, 주어진 과제에 더 효과적으로 집중할 수 있습니다. 똑같이 한 시간을 공부해도, 주의 집중력이 좋은 어린이가 학업의 성취도가 더 높습니다. 이는 학업의 향상으로 이어지며, 자신감과 자아 존중감 증진에도 도움이 됩니다.

주의 집중력은 단순히 학업 성취를 위한 도구가 아닌, 전반적인 삶의 질을 좌우하는 중요한 능력입니다. 또한 어린이의 성장과 발달에 있어 핵심적인 역할을 합니다. 다른 사람의 말을 집중해서 주의 깊게 듣고, 적절히 반응하는 능력은 원만한 대인관계 형성의 기초가 됩니다. 이는 친구 관계나 가족 관계에서 긍정적인 상호작용을 가능하게 합니다.

또한 주의 집중력을 키우는 것은 ADHD(주의력 결핍 과잉 행동 장애)의 예방 및 관리에 중요한 역할을 할 수 있습니다. ADHD 경계에 있는 어린이들에게 명상은 큰 도움이 될 수 있습니다. 명상은 마음을 안정시키고 지금 이 순간에 집중하는 데 도움을 줌으로써, ADHD 경계에 있는 어린이들의 주의 집중력을 크게 끌어올릴 수 있기 때문입니다. 주의 집중력을 강화하는 것은 ADHD 증상을 어느 정도 완화하고, 생활의 질을 높이는 데 도움이 될 수 있습니다.

지금, 아이와 시작하는 통합명상

현대 사회의 환경은 어린이들의 주의 집중력 발달에 장애를 일으킬 요소가 많습니다. 스마트폰 등 디지털 기기의 과도한 사용은 주의 집중력 저하의 주요 원인 중 하나입니다. 빠르게 변화하는 화면과 즉각적인 보상 체계는 어린이들의 집중 시간을 단축시키고 있습니다. 그리고 어린이들 주변에는 집중력을 방해하는 것들이 너무 많습니다. 대표적인 것이 컴퓨터 게임입니다. 다양한 현대 문명의 편리한 기기들이 어린이들의 주의 집중력을 점점 약하게 만듭니다.

명상은 어린이들의 주의 집중력 향상에 매우 효과적인 방법입니다. 조용히 앉아 호흡에 집중하는 간단한 명상만으로도, 어린이들의 주의 집중력과 자기 조절 능력이 크게 개선될 수 있습니다. 명상은 어린이들이 현재 순간에 집중하는 능력을 키우고, 불필요한 생각이나 감정에 휘둘리지 않도록 돕습니다. 정기적인 명상은 어린이들이 현재 순간에 더 잘 집중할 수 있도록 도와주며, 산만함을 줄이고 학업 성취도를 높일 수 있습니다. 학교나 가정에서 짧은 명상 시간이라도 꾸준히 실천하면, 어린이들의 집중력과 학습 능력 향상에 큰 도움이 될 것입니다. 시간이 지날수록, 집중력이 놀랍게 향상되는 것을 느낄 수 있을 것입니다.

3.

감각을 자각하는 힘이 중요해요

현대인들은 생각을 지나치게 많이 합니다. 생각에 치우친 삶은 감각의 힘을 잃어버리게 하고 있습니다. 정신없이 돌아가는 현대 사회의 빠른 변화 속도, 그리고 수많은 디지털 기기로 둘러싸인 환경 속에서 사람들은 감각 자각의 힘을 잃어가고 있습니다. 머리로 하는 생각 중심의 삶을 살면서, 가슴으로 받아들이는 느낌 중심의 삶에서 멀어지고 있습니다. 행복은 머리와 가슴의 조화에서 옵니다. 가슴 중심의 삶을 위해서는, 먼저 감각 자각의 힘을 향상시켜야 합니다. 감각을 자각하고 많이 느끼는 것이 가슴을 여는 시작입니다.

감각 자각이란 자신의 오감(시각, 청각, 촉각, 후각, 미각)을 통해, 주변 환경과 자신의 신체 상태를 인식하는 능력을 말합니다. 이는 단순히 감각을 느끼는

지금, 아이와 시작하는 통합명상

것을 넘어서, 그 감각을 이해하고 해석하며 적절히 반응하는 능력까지 포함합니다. 감각을 지각하는 것만이 아니라, 감각을 느끼는 것을 알아차리는 것입니다. 특히 어린이들에게 감각 자각의 힘은 더욱 중요합니다. 성장 과정에서 감각 자각은 매우 중요한 역할을 합니다. 감각 자각의 힘은 어린이의 인지, 정서, 신체, 사회성 발달 등 전인적 성장의 기초가 되는 중요한 능력입니다.

감각 자각은 신체 인식과 운동 조절 능력에 기여합니다. 이는 어린이가 균형을 잡고, 조정 능력을 강화하는 데 도움이 되며, 운동 기술을 개발하는 데 중요한 역할을 합니다. 또한 집중력 강화와 인지 발달에 도움이 됩니다. 감각 자각은 어린이들이 자신의 몸과 마음 그리고 주변 환경을 더 깊이 이해하고 경험할 수 있게 해줍니다. 또한 몸의 자각은 누적된 감정의 응어리를 치유하는 효과가 있습니다. 생각을 쉬고, 정신 에너지의 손실을 막는 깊은 휴식의 효과도 있습니다. 몸의 움직임과 감각에 주의를 집중하면 스트레스 감소 등의 효과가 생겨 몸과 마음의 건강에 이롭습니다.

감각 자각은 현재 순간에 머무르는 능력을 향상시키며, 전반적인 웰빙을 증진합니다. 어린이들의 건강한 성장과 발달에 큰 도움이 될 것입니다. 창의성 발달에도 감각 자각이 큰 영향을 미칩니다. 다양한 감각의 경험은 풍부한 상상력과 창의적 사고를 위한 자산이 됩니다. 예를 들어, 다양한 질감과 색상을 경험하는 것은 미술 활동에서의 창의성을 향상시킵니다.

그러나 현대 사회에서는 디지털 기기의 과도한 사용, 실외 활동의 감소 등으로 인해 어린이들의 감각 경험이 제한되는 경향이 있습니다. 이는 감각 자각 능력의 저하로 이어질 수 있으며, 결과적으로 전반적인 발달에 부정적인 영향을 미칠 수 있습니다. 명상은 어린이들의 감각 자각 능력을 키우는 데 매우 효과적인 도구가 될 수 있습니다. 현재 순간의 감각에 주의를 기울이는 명상은 감각 자각 능력을 크게 향상시킵니다.

명상은 지금 이 순간 깨어 있는 것입니다. 현재 순간의 감각에 주의를 기울이는 명상은 감각 자각 능력을 크게 향상할 수 있습니다. 외부 자극에 대한 과민 반응을 줄이고, 감각 정보를 더 명확하게 처리할 수 있게 합니다. 따라서 규칙적인 명상은 어린이들의 감각 자각 능력을 전반적으로 향상시키는 데 큰 도움이 될 수 있습니다. 이를 통해 어린이들은 주변 세계를 더욱 풍부하게 경험하고, 자신과 타인을 더 잘 이해하며, 창의적이고 조화로운 삶을 살아갈 수 있는 기반을 마련할 수 있을 것입니다.

4.

정서 지능이 높은 어린이가 행복해요

정서 지능이란 자신의 감정과 타인의 감정을 잘 인식하고 이해하며, 적절히 관리하고 표현하는 능력을 말합니다. 정서 지능이 높은 사람은 스트레스 상황에서도 효과적으로 대응합니다. 대인관계에서 더 건강한 관계를 유지하며, 의사소통, 갈등 해결, 리더십 등에서 빛을 발합니다. 자신의 감정을 잘 관리하며, 타인의 감정을 잘 이해함으로써 좋은 사회적 관계를 유지합니다. 이와 같이 정서 지능은 행복한 삶을 위한 중요한 요소입니다.

정서 지능은 어린이의 사회적, 학업적, 정서적 발달에 아주 중요합니다. 요즘에는 IQ보다 EQ가 더 중요하다고 합니다. 정서 지능이 높은 어린이들은 자신의 감정을 잘 이해하고 표현할 수 있습니다. 이는 내적 갈등을 줄이고, 정신적 안정을 가져옵니다. 자신이 느끼는 감정이 무엇인지, 왜 그런 감정이 생겼는지를 이해함으로써, 스트레스와 불안을 효과적으로 관리할 수 있습니다. 타인의 감정을 잘 읽고 이해할 수 있는 어린이들은 공감 능력이 뛰어나며, 이는 친구들과의 관계에서 큰 강점이 됩니다. 전반적인 삶의 만족도와 행복감 증진으로 이어집니다.

높은 정서 지능을 가진 어린이는 감정을 조절하여 학습에 집중할 수 있고, 스트레스를 잘 관리하여 학업 성취에 긍정적인 영향을 미칩니다. 감정 조절 능력, 자기 조절 능력, 인내력 등이 강하고, 부정적인 감정, 불안, 우울과 같은 정서적 어려움을 더 잘 관리할 수 있습니다. 감정을 조절함으로써 일상에서 겪는 다양한 스트레스 요인에 더 잘 대처하고, 스트레스가 만성 상태로 발전하는 것을 예방합니다.

정서 지능은 회복 탄력성과도 깊은 관련이 있습니다. 회복 탄력성은 개인이 스트레스나 시련 등에 직면했을 때, 이를 극복하고 회복할 수 있는 능력을 말합니다. 이는 단순한 생존력을 넘어서, 어려움을 이겨내고 더욱 강해지며, 긍정적으로 성장할 수 있는 지속적인 능력입니다. 회복 탄력성이 높은 사람은 위기 상황에서도 더 효율적이고 긍정적으로 대처할 수 있습니다. 회복 탄력성은 불안, 우울증 등의 정신 건강 문제를 예방하거나 줄이는 데 도움을 줄 수 있습니다. 이러한 능력은 스트레스 관리에 중요한 역할을 하며, 삶의 질을 향상시킵니다.

정서 지능은 연습을 통하여 향상시킬 수 있습니다. 명상은 어린이들의 정서 지능을 향상시킬 수 있는 좋은 방법입니다. 자신의 감정을 있는 그대로 자각하고 바라보는 명상을 통하여, 감정을 다룰 수 있는 마음의 공간이 생깁니다. 자신의 감정을 있는 그대로 인식하고 수용할 수 있게 됨으로써, 감정에 반응하는 게 아닌 대응할 수 있는 여유와 지혜가 생깁니다. 또한 타인의 감정을 이해하고 배려하는 공감의 능력을 향상시킵니다.

2부

아빠, 엄마와
선생님을 위한
명상

1.

명상은 왜 하나요?

누구나 스트레스가 있습니다. 부모님과 선생님들도 마찬가지입니다. 특히 육아와 교육은 끊임없는 주의와 에너지를 요구하는 일입니다. 명상은 부모님과 선생님들에게 필요합니다. 스트레스를 관리하고, 몸과 마음의 에너지를 충전해 줄 수 있습니다. 명상이 스트레스를 해소하고, 몸과 마음의 건강에 도움이 된다는 연구 결과는 아주 많습니다. 영적인 성장을 추구하는 전통적인 명상과 함께, 몸과 마음의 힐링을 추구하는 현대 명상은 과학적이고 실제적인 명상이 되어가고 있습니다.

힐링을 위한 현대 명상은 서양에서 대세가 되고 있습니다. 유명인을 비롯한 많은 사람이 명상을 실천하고 있습니다. 명상은 어린이뿐만 아니라, 우리 모두에게 필요한 삶의 도구입니다. 부모님과 선생님들이 먼저 명상을 체험하여, 그 맛을 보시기 바랍니다. 이 장에는 명상에 대한 전반적인 이해와 방법을 담았습니다. 부모님과 선생님들이 어린이들과 함께 명상하면서 성장하고 치유될 수 있습니다. 어린이들의 성장과 함께, 건강한 개인, 행복한 가정, 건강한 사회를 이루는 토대가 될 것입니다.

1) 명상은 생각을 쉬는 깊은 휴식입니다.

우리의 마음은 끊임없는 생각들로 가득 차 있습니다. 정보가 넘쳐나는 현대 사회는 많은 생각을 요구하고 있고, 보통 사람이 하루에 하는 생각이 6만 가지 정도 된다고 합니다. 두뇌는 신체 에너지의 20~30%를 사용합니다. 따라서 생각을 많이 하는 삶은 과도한 에너지 소모가 많습니다. 현대인의 병은 생각이 너무 많은 데 있습니다. 몸은 쉬고 있어도, 두뇌는 계속 공회전하고 있습니다. 몸은 쉬어도, 두뇌는 항상 피곤한 게 현대인의 삶입니다.

가장 좋은 휴식은 생각을 쉬는 것입니다. 요사이 유행하는 '불멍', '물멍' 같은 것도 생각을 쉬기 위한 행동입니다. 명상은 생각을 쉬는 최고의 휴식 방법입니다. 걱정, 계획, 회상, 분석 등 다양한 형태의 생각들을 쉬고, 내면에 마음을 고요히 하는 쉼의 공간을 제공합니다. 생각을 쉼으로써 내면의 깊은 휴식을 체험하고, 에너지를 충전할 수 있습니다.

명상의 핵심은 현재 순간에 집중하는 것입니다. 호흡, 신체 감각 또는 특정 이미지에 주의를 집중하면서, 끊임없이 흐르는 생각들로부터 잠시 벗어날 수 있습니다. 생각을 쉬는 이 시간 동안, 우리의 뇌는 재충전의 기회를 얻습니다. 과도한 사고로 인한 정신적 피로가 해소되고, 스트레스 호르몬 수치가 감소합니다. 명상을 통해 생각을 쉬는 것은 단순히 잠시 휴식을 취하는 것 이상의 의미를 갖습니다.

또한 명상을 통해 집중과 자각의 힘을 키우면, 자신의 감정을 알아차리고 바라볼 수 있는 힘이 생깁니다. 분노, 불안, 짜증 등이 일어날 때, 판단이나 분석 없이 그 감정을 알아차리면서, 감정으로부터 자유로워질 수 있는 마음의 공간이 생깁니다. 불필요한 걱정이나 생각에서 벗어날 수 있습니다. 현재에 더 집중할 수 있게 됩니다.

2) 정신과 육체를 힐링하고 치유합니다.

명상은 스트레스 해소와 정신 건강 증진을 위한 효과적인 방법으로 널리 인정받고 있습니다. 많은 과학적 연구가 명상의 힐링과 치유 효과를 입증하고 있습니다. 명상을 하면 이완 반응이 일어납니다. 스트레스 반응에 반대되는 이완 반응은 명상의 주요한 부분입니다. 명상은 자율신경계의 부교감신경을 활성화해 몸과 마음을 치유합니다.

정기적인 명상 실천은 코르티솔과 같은 스트레스 호르몬의 수치를 낮추는 데 도움을 준다는 연구 결과가 있습니다. 명상은 불안과 우울증 증상 완화에도 효과적입니다. 명상이 불안, 우울, 통증, 불면증 감소에 효과가 있다는 연구 결과가 많습니다. 수면 장애에도 많은 도움이 됩니다. 뇌의 구조와 기능에도 긍정적인 변화를 가져옵니다. 하버드 의과대학의 연구에 따르면, 8주간의 마음챙김 명상 프로그램 참여 후 참가자들의 해마(기억과 학습에 중요한 뇌 영역)가 두꺼워졌으며, 스트레스와 관련된 편도체의 크기는 감소하고, 행복을 느끼는 뇌의 부분이 활성화되었습니다. 또한 인지 기능이 향상되어 치매 예방 등에도 도움이 됩니다.

혈압, 혈당 등이 조절되어 심혈관계에도 도움이 되고 면역 기능 강화에도 도움이 됩니다. 불면증 예방 등 수면에도 많은 도움이 됩니다. 텔로머라이제 활성화로 노화 예방에도 효과가 있다는 연구 결과도 있습니다. 이러한 많은 과학적 연구는 명상이 단순한 휴식 기법을 넘어, 실질적인 힐링과 치유 효과를 가진 강력한 도구임을 보여줍니다. 당연히 몸과 마음의 건강에 긍정적인 영향을 미칩니다.

3) 마음의 근육을 키웁니다.

명상은 마음의 힘을 강화하는 데 탁월한 효과가 있습니다. 스트레스가 많은 현대 사회에는 스트레스를 이기는 마음의 근육이 필요합니다. 마음에도 운동이 필요합니다. 명상은 마음의 운동입니다. 마음의 힘과 근육을 키우는 마음의 운동입니다. 집중력, 유연성, 인지력, 회복 탄력성 등 다양한 정신적 능력을 향상하는 데 도움을 줍니다.

명상은 집중력을 크게 향상시킵니다. 규칙적인 명상을 통해 지금 이 순간에 주의를 기울이는 능력이 강화되며, 이는 일상생활에서의 집중력 향상으로 이어집니다. 마음이 산만해질 때 이를 인식하고, 다시 주의를 집중하는 명상을 반복함으로써 지속적인 주의력이 발달됩니다. 인지력 향상에도 명상이 기여합니다. 정기적인 명상은 뇌의 구조와 기능에 긍정적인 변화를 가져오며, 이는 기억력, 학습 능력, 문제 해결 능력 등 전반적인 인지 기능의 향상으로 이어집니다.

유연성 측면에서도 명상은 큰 효과를 보입니다. 명상을 통해 자신의 생각과 감정을 객관적으로 관찰하는 능력이 향상되면서, 상황에 따라 유연하게 대응할 수 있는 능력이 증가합니다. 회복 탄력성도 명상을 통해 강화됩니다. 명상은 스트레스에 대한 반응을 조절하는 능력을 향상시키고, 부정적인 감정을 더 잘 다룰 수 있게 해줍니다. 이를 통해 어려운 상황에서도 더 빠르게 평정을 찾고 적응할 수 있게 됩니다. 명상은 자기 인식을 높여 감정 조절 능력을 향상시킵니다. 이는 대인 관계와 의사소통 능력 개선으로 이어져, 전반적인 삶의 질을 높이는 데 기여합니다. 규칙적인 명상 실천을 통하여 집중력, 유연성, 인지력, 회복 탄력성 등이 향상되며, 이는 개인의 전반적인 정신적 웰빙과 성과 향상으로 이어집니다.

4) 삶에서 행복의 순간을 많이 느낍니다.

명상의 핵심은 현재 순간에 온전히 집중하는 것입니다. 우리로 하여금 일상의 작은 순간들을 더욱 선명하고 생생하게 경험하게 합니다. 아침 커피 한 잔의 향과 맛, 산책 중 느끼는 바람의 감촉, 사랑하는 사람과의 대화 등 평범한 순간들이 특별한 경험으로 변모합니다. 순간순간의 깨어 있음으로 삶의 질을 크게 향상시킵니다. 명상은 우리의 삶을 더욱 풍요롭고 의미 있게 만드는 강력한 도구입니다.

몰입의 기쁨 또한 명상을 통해 얻을 수 있는 중요한 혜택입니다. 명상은 우리가 하는 일에 온전히 집중할 수 있는 능력을 키워줍니다. 이는 일상의 모든 활동에서 더 깊은 만족과 성취감을 느끼게 해줍니다. 요리를 할 때, 일을 할 때, 심지어 청소를 할 때도 우리는 그 활동 자체에 깊이 몰입함으로써 기쁨을 경험할 수 있습니다. 명상은 우리가 진정으로 살아 있음을 느끼게 하며, 일상의 평범한 순간들을 특별한 경험으로 변화시키는 힘을 가지고 있습니다.

이러한 깨어 있음은 스쳐가는 삶이 아닌, 온 마음으로 100%의 삶을 살게 합니다. 자동 조종 모드로 살아가는 것이 아니라, 각 순간을 의식적으로 경험하고 선택하는 것입니다. 매 순간 기쁨을 느끼며 시간의 주인이 됩니다. 시간에 끌려가는 삶이 아니라, 시간을 창조하는 삶을 살아갑니다. 매 순간순간이 소중하고 기쁨이 됩니다. 목적이 아닌 과정 중심의 삶을 살게 합니다. 소유 중심의 삶이 아닌 존재 중심의 삶을 살아갑니다.

5) 내 안으로 향하는 여행

우리의 마음은 항상 밖으로 향하고 있습니다. 명상은 밖으로 향하는 마음을 내 안으로 돌리는 것입니다. 명상은 내 안으로 향하는 여행과도 같습니다. 의식의 빛을 내 안으로 돌릴 때 우리는 진정한 나를 만날 수 있습니다. 내 마음 안에 끊임없이 소용돌이치고 있는 생각과 감정에 의식의 빛이 비추어질 때 그것으로부터 자유로워질 수 있습니다.

생각, 감정, 에고 등의 의식 내면에는 순수한 본성이 있습니다. 어느 것에도 물들지 않는 순수의식이 있습니다. 밖의 상황으로 일어나는 마음의 생각, 감정,

고통에 영향받지 않는 순수한 마음의 영역이 있습니다. 그 본성은 텅 빈 고요함으로 진정한 평화와 자유의 본성입니다. 아무것도 부족함이 없는 무한한 에너지의 장입니다. 우리는 내면의 본성을 보지 못하고 밖으로만 허덕이고 있는 것입니다.

내 안에 답이 있습니다. 내가 구하는 행복은 이미 내 안에 있습니다. 밖으로만 헤매는 마음은 진정한 평화와 행복을 찾을 수 없습니다. 1에 0을 붙이면 10, 100, 1000… 계속 숫자가 커집니다. 그러나 1이 없으면 아무리 0을 붙여 가도 결국 0에 그치고 맙니다. 1을 찾아야만 10, 100, 1000이 의미가 있게 됩니다. 그 절대적하나는 내 안에 있습니다. 명상은 그 하나를 찾아가는 내면의 여행입니다.

2.

명상은 어떻게 하나요?

1) 지금 여기! 이 순간 깨어 있음

명상의 핵심은 바로 지금 이 순간, 깨어 있음입니다. 바로 지금 이 순간에 집중하고 자각하는 것입니다. 명상은 단순히 눈을 감고 고요히 앉아 있는 것만이 아닙니다. 지금 이 순간 내가 하는 행위와 감각에 집중하는 것이 명상입니다. 우리는 대부분의 시간을 지금 여기에 깨어 있지 못하고, 생각 속에서 살아갈 때가 많습니다. 커피나 차를 마실 때, 그 순간에 있지 아니하고 다른 생각에 사로잡힐 때가 많습니다. 커피 마시는 순간, 맛, 향, 촉감 등의 감각에 온전히 깨어 있음이 명상의 핵심입니다.

그러므로 일상의 모든 것이 명상이 될 수 있습니다. 걸음을 걸을 때, 차를 마실 때, 샤워할 때 등등 일상의 모든 행위가 명상이 될 수 있습니다. 그 핵심은 감각과 행위에 깨어 있는 것입니다. 그 순간의 감각을 판단 없이 온전히 느끼는 것이 명상의 핵심입니다. 걸음을 걸으면서 몸의 움직임과 감각을 자각합니다. 마음에 다른 생각이나 감각이 일어나면 그것도 판단 없이 알아차리고, 다시 걷는 감각으로 돌아옵니다.

지금 여기! 이 순간 깨어 있음의 명상이 마인드풀니스 명상입니다. 마음챙김이라고 번역하는 마인드풀니스 명상은 불교의 싸띠 명상에 뿌리를 두고 있지만, 종교나 수행이 아닌 현대 명상입니다. 싸띠 명상에 현대적인 적용과 해석을 접목한 것으로, 오늘날 전 세계에서 많은 사람이 하고 있는 명상입니다. 지금 이 순간, 마음의 경험, 감각, 생각, 감정을 판단하지 않고 알아차리는 것입니다. 자동 반응으로 하던 일상의 소소한 행위를 깨어 있는 마음으로 자각하고 느낄 때, 바로 명상을 하는 것입니다.

바로 지금 여기에 현존합니다. 스트레스의 대부분은 과거나 미래로 향하는 마음에서 비롯합니다. 과거에 대한 후회나 미래에 대한 불안은 우리를 힘들게 합니다. 온전히 현재에 깨어 있으면 마음의 스트레스로부터 훨씬 자유로울 수 있습니다. 지금 이 순간을 거부하거나 집착하지 않고, 있는 그대로 받아들이고 깨어 있을 때, 마음의 고요함과 충만함을 찾을 수 있습니다. 외부의 조건이 아닌, 내면의 고요함과 충만함 속에서 진정한 삶의 의미와 행복을 찾을 수 있습니다.

2) 집중과 자각

명상의 방법은 많지만 모든 명상의 핵심은 집중과 자각입니다. 지금 이 순간 깨어 있음도 현재에 집중하고, 자각하는 것입니다. 집중 명상은 사마타 명상이라고 하고, 한 가지 대상에 마음을 온전히 모으는 명상 방법입니다. 마음이 산만해지지 않고, 한 점에 머물도록 하는 것이 목적입니다. 그래서 생각이 일어나지 않도록 마음을 고요하게 합니다. 집중의 대상은 호흡, 촛불, 만트라, 상징 이미지 등이 있습니다. 집중은 마음이 고요해지고, 불안과 스트레스가 감소하며, 집중력과 감정 조절 능력 등이 향상되는 효과가 있습니다.

자각 명상은 위빠사나 명상으로, 알아차림, 마음챙김이라고도 합니다. 마음의 경험(감각, 생각, 감정)을 판단이나 분석 없이 알아차리는 명상입니다. 지금 이 순간 내 몸과 마음에서 일어나는 모든 현상을 있는 그대로 관찰하는 명상입니다. 어떠한 판단이나 집착 없이, 현재의 경험을 주의 깊게 지켜보는 것이 핵심입니다. 이 과정에서 다른 생각들이 떠오르면, 판단 없이 그것을 알아차리고 다시 집중 대상으로 주의를 돌립니다. 자각의 힘과 함께 마음의 유연성, 공간감, 회복 탄력성 등이 향상하는 효과가 있습니다.

오늘날의 명상은 생각이 일어나지 않도록 집중하고 삼매에 드는 것만을 지향하지 않습니다. 생각이 일어나지 않도록 집중하는 것이 아니라, 생각이 일어나면 생각이 일어남을 알아차리는 것입니다. 생각을 누르지도, 쫓아가지도 말고, 일어났음을 알아차리고 다시 집중 대상으로 돌아옵니다. 집중과 자각을 병행하여 실천하는 것이 명상의 방법입니다.

3) 호흡 명상

명상의 방법은 아주 많습니다. 또한 일상의 모든 행위가 명상이 될 수 있습니다. 그러나 가장 중심이 되는 명상은 호흡 명상입니다. 일정한 시간에 정기적으로 호흡 명상을 실천하면 내면의 힘을 얻을 수 있습니다. 중요한 것은 실천입니다. 매일 5분씩이라도 실천하면 점점 더 체험을 하게 됩니다. 하루에 15분에서 30분 정도 일정한 시간에 호흡 명상을 루틴으로 한다면 몸과 마음의 힘을 키울 수 있습니다. 아래의 방법을 참고하여 매일 조금씩이라도 실천하시면 스트레스 해소와 마음의 힘을 키우는 데 큰 도움이 될 것입니다.

호흡의 패턴이나 리듬을 조절하거나 통제하지 않고, 짧으면 짧은 대로 길면 긴 대로 오직 자각합니다. 호흡이 아니라, 호흡을 느끼는 감각(배)의 기준점으로 주의를 집중합니다. 내가 숨을 쉬는 것이 아니라, 그저 숨이 들어오고 나감을 알아차립니다.

조신 (調身 | 자세)

1. 방석이나 의자에 허리를 반듯이 하고 편하게 앉습니다.

2. 허리를 반듯이 세우지만 힘을 주지 않고, 편하고 안정된 자세로 앉습니다.

3. 목과 머리도 반듯이 하고, 턱을 약간 당깁니다.

4. 어깨, 명치, 허리 등의 힘을 빼고 이완합니다.

5. 혀를 입천장에 가볍게 대고, 얼굴의 미소와 함께 입을 가볍게 다뭅니다.

조식 (調息 | 호흡)

1. 호흡을 느끼는 아랫배의 감각에 기준점을 둡니다.

2. 배가 나오고 들어가는 것으로 들숨과 날숨을 느낍니다.

3. 숨을 통제하거나 조절하려고 하지 말고, 자연스러운 호흡을 합니다.

조심 (調心 | 마음)

1. 배가 나올 때 '일어남', 배가 들어갈 때 '사라짐' 이라고 이름 붙이거나, 숫자를 붙입니다.

2. 이름에는 5%, 배의 일어나고 사라지는 감각에 95% 주의를 집중합니다.

3. 다른 감각, 생각, 감정 등이 일어나면, 그 일어남을 알아차립니다.

4. 그 감각, 생각, 감정 등을 누르거나 쫓아가지 않고, 그저 일어남을 알아차립니다.

5. 그 감각, 생각, 감정 등에 마음이 간다면 생각, 감정, 가려움 등으로 이름을 붙이고 확인합니다.

6. 마음이 다른 곳으로 갔음을 알아차리고, 이름 붙여 확인하고, 다시 기준점으로 돌아옵니다.

7. 기준점으로 돌아와서 배가 나오고, 들어가는 것에 이름을 붙이고 집중하고 자각합니다.

8. 명상은 집중만이 아닙니다. 집중하고 있다가 마음이 다른 곳으로 간 것을 알아차리는 것이 더 중요합니다. 마음이 다른 곳으로 간 것을 알아차리고 주의 집중하던 기준점으로 돌아옵니다.

4) 심상 명상 (이미지 명상)

심상 명상은 마음으로 이미지를 떠올리고, 집중하고 느끼는 명상입니다. 심상의 대상은 빛, 몸, 특정한 상징, 자연 등이 될 수 있습니다. 구체적이고 긍정적인 이미지를 떠올리는 것이 좋습니다. 심상을 실제로 느끼는 느낌을 그리면서 심상에 집중합니다. 이미지의 심상이 뚜렷이 떠오르지 않더라도, 느낌을 중심으로 하면 됩니다. 잡념이 떠올라도 자연스럽게 흘려보내고, 다시 심상으로 돌아오면 됩니다.

이 방법은 쉽게 실천할 수 있는 명상으로 어린이 명상에서도 많이 활용하고 있습니다. 어린이들은 부모님과 선생님들이 유도하여 이미지를 떠올리고 집중할 수 있도록 합니다. 심상 명상은 몸과 마음의 힐링에 좋은 효과가 있습니다. 몸과 마음의 이완과 힐링, 스트레스와 불안 해소, 집중력 및 긍정적 사고 강화, 자기 신뢰와 자존감 향상, 자기 치유와 힐링의 활성화 등의 효과가 있습니다. 이미지 명상은 어린이 명상의 각 방법을 참고하여 실천해 보시기 바랍니다.

3.

명상이란 무엇인가요?

1) 명상이란?

명상의 시원은 5000여 년 전에 있었던 인더스 문명의 모헨조 다로 유적에 부조되어 있는 명상하는 모습에서 찾을 수 있습니다. 내면의 평화와 참나를 찾는 영적 수행은 인류의 초기 역사부터 있어 왔습니다. 명상은 영적 수행과 함께 힐링의 두 측면이 있습니다. 예전에는 내면의 참나를 찾는 영적 수행의 측면이 강했으나, 현대 명상에서는 힐링의 측면이 강조되고 있습니다.

명상은 생각을 쉬고 마음을 고요히 하는 깊은 휴식입니다. 명상은 단순히 육체적 휴식을 넘어, 정신적, 정서적으로도 깊은 내면의 휴식을 제공합니다. 생

지금, 아이와 시작하는 통합명상

각을 쉬고, 깊은 휴식을 취함으로써, 내면의 평화와 고요함을 경험할 수 있습니다. 깊은 휴식은 힐링과 치유의 기능이 있습니다. 명상이라는 뜻의 영어 'Meditation'은 '의학의(Medical)', '약(Medicine)' 등의 단어와 마찬가지로 치유라는 뜻의 'Medi-'라는 어원을 갖고 있습니다. 이처럼 명상에는 치유의 기능이 있습니다.

명상은 마음의 근육을 키우는 마음의 운동입니다. 마음에도 운동이 필요합니다. 마음의 근육이 강하면 스트레스도 이겨낼 수 있습니다. 육체의 운동이 몸의 근육을 강화하듯이, 명상은 마음의 근육을 강화합니다. 또한 집중력, 직관력, 회복 탄력성, 유연성 등 마음의 힘을 향상시킵니다. 명상은 마음을 고요하게 하는 이완만이 아닙니다. 몸의 건강과 함께 마음의 힘을 키우는 마음의 운동이라고 할 수 있습니다.

명상은 내면으로 향하는 여행입니다. 행복은 내 안에 있다고들 합니다. 그러나 많은 사람은 행복을 밖에서만 찾습니다. 내면에 있는 행복을 보지 못하니, 밖으로만 찾아 헤맵니다. 명상은 밖으로만 향하는 빛을 내 안으로 돌리는 작업입니다. 내 안의 행복을 찾아가는 여행입니다. 명상으로 내면의 고요함과 충만함을 체험할 수 있습니다. 내면의 무한한 에너지가 내 몸과 삶에 충만함을 느끼게 하여 매일 매일 깨어남의 삶을 살아갈 수 있습니다.

2) 명상에 대한 오해

많은 사람이 명상에 대해 오해하고 있습니다.

첫 번째 오해는 '명상은 앉아서 하는 것이다'라는 생각입니다. 물론 명상은 앉아서 호흡에 집중하는 것이 기본입니다. 그러나 명상은 앉아서 하는 것만이 아닙니다. 명상의 핵심은 집중과 자각입니다. 차를 마실 때 생각을 멈추고, 향과 맛 등의 감각에 깨어 있는 것이 명상입니다. 걸을 때 걷는 동작과 감각에 깨어 있음이 명상입니다. 설거지할 때 물의 촉감, 생각 등에 깨어 있음이 명상입니다. 일상의 모든 것이 명상이 될 수 있습니다. 특히 어린이 명상에서는 동적 명상이 더 효과가 있습니다.

두 번째는, '명상은 집중하는 것이다'라는 생각입니다. 많은 분이 명상을 할 때 어려워하는 부분이 이것입니다. 물론 명상은 집중하는 게 중요하지만, 집중만이 아닙니다. 집중보다 더 중요한 것은 집중하지 못하고 있는 마음을 알아차리는 것입니다. 마음이 산란한 가운데에서도 명상할 수 있습니다. 마음에서 일어나는 감각, 생각, 감정 등을 판단 없이 있는 그대로 자각하는 것이 명상의 핵심입니다. 그 생각, 감정 등을 있는 그대로 자각하고 바라볼 때 생각과 감정에서 탈동일시되고, 자유로워질 수 있습니다.

세 번째는, 명상은 종교적이거나 신비로운 것이라는 생각입니다. 명상은 특별한 것이 아닙니다. 현대 명상은 과학이자, 삶을 위한 도구입니다. 그저 내 안으로 마음의 방향을 돌려서, 생각과 감정을 바라보는 것입니다. 명상을 통해서 스트레스를 해소하고, 마음의 힘을 키우며, 나와 삶에 대한 새로운 시각을 가지게 됩니다. 명상을 하면, 조금 더 스트레스로부터 자유로울 수 있고, 몸과 마음이 건강할 수 있습니다.

지금, 아이와 시작하는 통합명상

4.

어린이 명상은
무엇이 다를까요?

1) 어린이 명상과 성인 명상의 차이

성인 명상과 어린이 명상은 본질적인 면에서 다르지 않습니다. 다만 방법에 있어 몇 가지 중요한 차이가 있습니다. 첫째는 집중 시간입니다. 성인은 일반적으로 20~30분 이상 명상에 집중할 수 있지만, 어린이의 경우 보통 5~15분 정도가 적당합니다. 어린이들의 호기심을 유도하는 짧고 간단한 명상 세션으로 진행하는 것이 효과적입니다.

둘째는 언어의 차이입니다. 성인에게는 추상적인 개념이나 전문적인 용어 등을 사용할 수 있지만, 어린이에게는 단순하고 구체적인 언어를 사용합니다. 예를 들어, "마음을 비우세요"라는 표현 대신 "풍선에 걱정을 담아 하늘로 날려 보내세요"와 같은 구체적인 이미지를 사용할 수 있습니다. 명상 안내나 설명문 등에 쉽고 친절한 말을 사용하는 것이 좋습니다.

셋째로, 어린이들에게 명상을 강요하지 말고, 놀이처럼 재미있게 접근하도록 하는 게 중요합니다. 가끔 학교 등에서 명상을 할 때, 어린이들에게 앉아서 움직이지 않고, 호흡에 집중하도록 하는 경우를 봅니다. 그럴 경우 어린이는 명상에 대하여 부담을 느끼고, 거부하게 됩니다. 좀 더 활동적이고 상상력을 활용하는 놀이 형태의 방법이 필요합니다.

넷째로, 명상이 결코 평가의 대상이 되어서는 안 됩니다. 명상 중에 집중을 못하거나 가만히 있지 못하더라도, 탓하지 말고 자연스럽게 넘어가야 합니다. 명상에 익숙해지기 위해 각자에게 필요한 시간이 다르므로, 존중과 기다림이 중요합니다. 만약 명상을 하기 싫어하는 아이라면, 잠깐 쉬어가면서 아이의 마음을 존중해 주세요. 어린이가 스스로 필요를 느끼고 참여할 수 있도록 지지하고 기다려 주어야 합니다.

다섯째로, 명상이 끝난 후, 느낌과 생각을 나누는 대화 시간을 갖는 것이 좋습니다. 어린이의 노력을 인정하고 격려하는 긍정적 피드백도 중요합니다. '어땠니?', '무엇을 느꼈어?'라고 부드럽게 대화를 나누면서 어린이가 자신의 느낌을 자유롭게 표현할 수 있도록 격려합니다. 느낌과 생각을 나누는 대화가 어린이 명상의 중요한 부분입니다.

지금, 아이와 시작하는 통합명상

2) 어린이 명상의 중점

지금 이 순간 깨어 있기

명상의 핵심은 지금 이 순간 깨어 있음입니다. 어린이 명상에서 지금 이 순간 깨어 있기는 어린이들이 현재에 집중하고, 자신의 감각과 감정을 인식하도록 돕는 중요한 요소입니다. 지금 이 순간의 감각을 있는 그대로 집중하여 느낄 수 있도록 유도합니다. 호흡 명상이나 감각 자각 명상 등에서는 지금 이 순간의 감각에, 보고, 듣고, 냄새 맡고, 만지고, 맛보는 것에 집중하도록 합니다. 다른 생각, 감정, 감각을 느끼면, 다시 본래의 깨어 있음으로 돌아오도록 합니다.

주의 집중 유지하기

어린이 명상에서 주의 집중 유지하기는 어린이들이 이 순간에 집중하고 있는 것을 지속적으로 유지하도록 유도하는 것입니다. 부모님과 선생님들이 어린이들의 주의 집중을 관찰하고, 지속적으로 유지할 수 있도록 유도합니다. 어린이들의 연령과 상황에 맞추어 재미있고 단순한 방법으로 접근해야 합니다. 또한 '무엇이 보이나요?', '어떤 소리가 들리나요?'와 같은 질문을 통해, 계속 주의 집중을 유지하도록 유도합니다.

판단하지 않고 받아들이기

명상의 핵심 중 하나는 판단 없이 수용하는 것입니다. 어린이 명상에서도 판단하지 않고 받아들이기는 중요한 개념입니다. 이는 어린이들이 자신의 생각, 감정, 경험을 있는 그대로 인정하고 받아들이는 것을 의미합니다. '좋다' 혹은 '나쁘다' 같은 판단을 내리지 않고 자신의 생각, 감정 등을 인지하고 단순히 바라볼 수 있도록, 지속적으로 지지하고 유도합니다.

3부

주의 집중 명상

어린이 주의 집중 명상은 아이들이 현재 순간에 집중하고 자신의 감각, 생각, 감정 등을 자각하는 명상입니다. 집중력 향상을 목표로 하지만, 스트레스 해소와 정서 및 감정 조절 능력 향상 등의 효과도 있습니다. 어린이의 발달 단계에 맞춰 간단하고 재미있는 명상으로 구성되어 있습니다. 주의 집중 명상에서 강조하는 개념은 현재 순간의 감각을 느끼고 집중하기, 판단하지 않고 수용하기, 호흡에 주의를 기울이기 등입니다.

주의 집중 명상은 아이들의 호기심과 흥미를 유발할 수 있는 다양한 명상으로 이루어져 있습니다.

싱잉볼 명상, 호흡 명상, 만트라 명상, 만다라 그리기 명상, 이미지 명상, 놀이 호흡 명상 등의 다양한 명상 프로그램으로 구성되어 있습니다. 짧고 간단한 명상이라도 꾸준히 반복하여 실천하면, 집중력 향상은 물론 스트레스 해소와 정서 안정 등에 큰 도움을 줍니다. 수면의 질 개선, 면역력 향상 등에도 효과가 있습니다.

지금, 아이와 시작하는 통합명상

1.

싱잉볼로
마음속 고요함을 찾아요

싱잉볼은 노래하는 그릇이라는 뜻으로, 일곱 종류의 금속을 특수한 비율로 배합하여 제작한 티벳의 명상 도구입니다. 싱잉볼은 그 소리가 매우 깊고 맑아 몸과 마음을 편안하게 하여, 명상과 요가 등에서 많이 사용하고 있습니다. 싱잉볼의 진동은 에너지 정화와 치유, 심신의 스트레스와 불안과 긴장의 해소에 효과적입니다. 싱잉볼은 누구나 조금만 연습하면 몸과 마음을 편안하게 하는 명상 도구로 활용할 수 있습니다. 싱잉볼 명상은 어린이들의 호기심을 일으키는 좋은 방법이 될 수 있고, 실제 수업에서도 긍정적인 효과를 경험하고 있습니다.

싱잉볼 명상은 싱잉볼 울림에 집중하고 이완하는 싱잉볼 메아리 명상을 비롯하여, 자신이 직접 울리거나 친구들과 조화를 이루며 울리는 명상들로 구성되어 있습니다. 싱잉볼 명상은 싱잉볼의 소리에 집중하고, 그 울림의 진동을 느끼는 명상입니다. 또한 소리와 소리 사이의 텅 빈 고요함을 느끼며, 내면의 고요한 공간을 경험할 수 있습니다. 싱잉볼 명상은 어린이들이 소리 감각을 자각하는 힘과 집중력을 키우고, 새로운 시각을 갖게 합니다. 또한 몸과 마음을 편안하고 조화롭게 하고, 스트레스를 해소합니다.

● 싱잉볼 메아리 명상 (에너지 울림 느끼기)

싱잉볼의 소리에 집중하고, 울림과 진동을 느끼며 몸과 마음을 이완하는 명상입니다. 싱잉볼의 울림에는 몸과 마음을 편안하게 이완하는 힘이 있습니다. 또한 싱잉볼의 시작과 끝을 자각하고, 소리와 소리 사이의 고요함을 느끼면 마음의 공간감과 회복 탄력성 등에 좋은 효과가 있습니다.

싱잉볼 명상은 어린이들의 주의 집중력을 향상시키고, 몸과 마음의 이완과 감정 안정, 스트레스 해소, 감각 자각의 힘 향상 등에 도움이 됩니다.

싱잉볼 메아리 명상 (에너지 울림 느끼기)

□ **대상 연령**: 전 연령

□ **준비물**: 싱잉볼, 또는 싱잉볼 오디오 파일

□ **기대 효과**

1. 주의 집중력 향상

2. 몸과 마음의 이완

3. 불안, 긴장, 스트레스 감소

4. 감각 자각 강화

□ **지도 중점**

1. 싱잉볼과 진동 에너지에 대하여 설명합니다.

2. 진동의 느낌과 소리에 대한 호기심을 유도합니다.

3. 싱잉볼의 소리에 집중하고 느끼는 방법을 설명합니다.

4. 싱잉볼의 소리가 사라진 뒤의 고요함도 느끼게 합니다.

5. 마무리한 후, 각자의 느낌과 생각을 나눕니다.

6. 앉거나 눕게 하고, 5분에서 10분 정도의 시간으로 진행합니다.

싱잉볼 메아리 명상 (에너지 울림 느끼기)

□ **명상 안내**

1. 시작하기

싱잉볼 명상을 설명합니다.

> 이제 눈을 떠 보세요. 이건 '싱잉볼'이에요.
>
> 싱잉볼을 치면 맑은 소리가 퍼져요.
>
> 그 소리에는 우리의 몸과 마음을 편안하게 해주는 힘이 있어요.
>
> 소리가 일어났다가 사라지는 것을 조용히 따라가 볼 거예요.
>
> 소리가 들리는 동안은 조용히 귀를 기울이고,
>
> 소리의 꼬리가 언제 사라지는지, 끝까지 따라가 보세요.
>
> 이제 선생님이 싱잉볼을 울릴 거예요. 소리에 집중해 보세요!

자리에 앉게 하고, 또는 눕게 하고 호흡을 3회 유도합니다.

> 허리를 펴고 편안하게 앉으세요. 숨을 조금 길게 쉬어 볼 거예요.
>
> 눈을 가만히 감고 숨을 쉽니다.
>
> 먼저 숨을 천천히 내쉬어요, 이제 천천히 들이마시고,
>
> 다시 천천히 내쉬고, 다시 들이마시고, 내쉬고, 들이마시고,
>
> 시끄러웠던 마음이 조용해지는 걸 느껴보세요.

지금, 아이와 시작하는 통합명상

싱잉볼 메아리 명상 (에너지 울림 느끼기)

2. 싱잉볼 소리에 집중하기

싱잉볼을 천천히 2~3회 울리고 소리에 집중하게 합니다.

소리가 시작하고 끝날 때까지 집중해서 들어보세요.

크게 들리던 소리가 점점 작아지고, 느껴지던 진동도 점점 약해지는 걸 느껴봐요.

너무 애쓰지 말고 편안하게 느끼세요.

아이들이 싱잉볼의 소리와 진동을 듣고 느끼는 것에 조금 익숙해지면, 호흡을 유도합니다.

싱잉볼 소리를 들으면서 천천히 숨을 깊게 들이마시고 내쉬어 보세요.

여러분의 몸과 마음에서 긴장이 서서히 사라집니다.

편안해지는 것을 느껴 보아요.

3. 싱잉볼 울림 느끼기

싱잉볼의 울림을 느끼도록 유도하면서 3~5회 울립니다.

이제 싱잉볼의 울림이 여러분의 마음속에 퍼져 나가는 것을 상상해 보세요.

싱잉볼의 울림이 여러분의 몸과 마음을 따뜻하고 편안하게 해줍니다.

싱잉볼 메아리 명상 (에너지 울림 느끼기)

싱잉볼의 소리가 울릴 때마다 마음에 따뜻하고 기분 좋은 느낌이 가득 차올라요.
혹시 다른 생각이 떠오른다면, 다시 싱잉볼 소리에 집중하려고 노력해 보세요.

4. 싱잉볼 소리가 사라진 후, 고요함의 자각

싱잉볼을 1회 울려서 소리의 시작과 끝을 자각하고, 소리가 사라진 뒤의 고요한 침묵을
느끼고 손을 들게 합니다. 소리가 사라지고, 모든 어린이가 손을 들 때까지 기다립니다.

이제 다시 싱잉볼이 울리면, 소리의 시작을 느껴봐요.
그리고 점점 작아지다가 끝나는 것을 주의 깊게 들으면서 따라가세요.
소리가 점점 작아져 여러분이 그 소리를 더 이상 듣지 못하게 되었을 때,
조용히 손을 드세요.
소리가 완전히 사라졌다고 생각되면 손을 들어보세요.
눈을 감고 손을 든 상태를 유지하세요.

5. 고요한 침묵의 느낌

소리가 사라진 뒤의 고요한 침묵에 집중하고, 그 고요함을 느끼게 합니다.

소리와 소리 사이, 아무 소리도 들리지 않는 고요한 순간이 있어요.
싱잉볼 소리가 사라진 뒤의 그 고요함을 느껴보세요.

지금, 아이와 시작하는 통합명상

여러분의 마음도 고요해진 것을 느껴보세요.

내 마음속에 생각, 걱정, 짜증 등이 일어나도,

그것은 사라지고 다시 고요해질 거예요.

내 마음속에 있는 고요함도 느껴보세요.

잘 못 느껴도 상관없어요.

내 안에 고요한 마음의 공간이 있다고 상상해도 돼요.

6. 마무리

호흡을 3회 유도하고 나서, 눈을 뜨고 천천히 움직이게 합니다.

이제 천천히 숨을 들이마시고 천천히 내쉬어 보세요.

다시 한 번 천천히 들이마시고, 천천히 내쉬어요.

다시 들이마시고, 천천히 내쉬어요. 이제 눈을 뜨고, 천천히 움직이세요.

7. 느낌과 생각을 나누기

느낌이나 생각을 말하도록 하면서 반응해 줍니다. 명상 후 느낌과 생각의 나눔은 평가 대상이 아닙니다. 아이들이 명상을 통해 느낀 것을 그대로 이야기하며, 자신의 느낌에 대해 표현하는 경험 자체가 어린이들의 성장을 유도합니다.

싱잉볼 메아리 명상 (에너지 울림 느끼기)

이제 차례로 느낌이나 생각을 나누어 볼까요?

싱잉볼 소리를 듣는 동안, 마음이 어땠는지 이야기해 볼까요?

싱잉볼 명상을 하고, 지금 마음은 어떤가요?

지도 팁

- 부모님과 선생님들도 싱잉볼을 많이 울려 보고, 몸과 마음의 이완을 체험해 보는 것이 좋습니다.
- 싱잉볼이 준비되지 않으면, 오디오 파일 등을 활용해도 좋습니다.

● 스스로 울리는 싱잉볼 울림 명상 (내 손안의 작은 울림!)

어린이가 직접 싱잉볼을 울리면서, 그 소리와 진동을 집중하여 느끼는 명상입니다. 단순히 싱잉볼 소리를 듣는 명상보다 더 깊은 집중력, 감각 자각, 자기 조절 능력 향상, 스트레스 해소 등의 효과가 있습니다. 급한 마음을 참고, 천천히 집중하여 울리도록 유도하고 그 울림을 느껴보도록 합니다. 자신의 울림을 느끼고, 기다리는 동안의 마음도 알아차리도록 합니다.

스스로 울리는 싱잉볼 울림 명상 (내 손안의 작은 울림!)

□ **대상 연령**: 전 연령

□ **준비물**: 싱잉볼

□ **기대 효과**

1. 주의 집중력 강화

2. 감각 훈련 및 감수성 발달

3. 마음의 안정과 스트레스 해소

4. 자기 인식 및 자존감 향상

스스로 울리는 싱잉볼 울림 명상 (내 손안의 작은 울림!)

□ **지도 중점**

1. 싱잉볼 잡는 법과 울리는 법을 알려줍니다.

2. 각자 울리면서, 눈을 감고 자신의 울림과 진동을 느끼도록 합니다.

3. 너무 강하게 치지 말고, 천천히 느끼면서 울리도록 합니다.

4. 혼자 또는 여럿이 할 경우, 상황에 맞추어 진행합니다.

5. 마무리하며 각자의 느낌과 생각을 나눕니다.

□ **명상 안내**

1. 시작하기

싱잉볼을 나누어주고 울리는 법을 알려줍니다.

각자 싱잉볼 울리는 연습을 3~5회 합니다.

> 이제 직접 싱잉볼의 울림을 만들어 볼 거예요.
>
> 소리만이 아니라, 손으로 진동을 느껴 봐요.
>
> 손바닥에 싱잉볼을 올려놓으세요.
>
> 이제 스틱을 손에 쥐고,
>
> 어떤 소리가 나는지 잘 들어보면서 싱잉볼의 가장자리를 부드럽게 쳐보세요.

스스로 울리는 싱잉볼 울림 명상 (내 손안의 작은 울림!)

2. 싱잉볼 울림

각자 싱잉볼을 천천히 울리고 집중해서 들어보게 합니다.

이제 싱잉볼을 한 번만 울리고 그 소리에 집중해 보아요.

내가 만든 소리가 점점 작아질 때까지 기다려요.

다른 친구의 소리가 들리더라도 내가 울리는 소리를 집중해서 들어보아요.

싱잉볼이 울리면 눈을 감고, 소리와 함께 그 울림과 진동을 가만히 느껴보세요.

3. 울림과 진동의 느낌

천천히 3회~5회 반복해서 울리고, 그 울림과 진동을 느껴보도록 유도합니다.

이 울림은 여러분 주위를 따스하게 감싸는 파도 같아요.

이 울림은 여러분에게 평화로운 느낌을 가져다줄 거예요.

싱잉볼의 울림은 가슴속 깊은 곳까지 들어가요!

내 마음 깊이 울려 퍼지는 진동을 느껴보세요.

4. 싱잉볼 이너의 울림

싱잉볼의 주변을 천천히 돌리면서 문질러 소리를 내도록 합니다.

스스로 울리는 싱잉볼 울림 명상 (내 손안의 작은 울림!)

이제, 스틱을 힘 있게 쥐고 싱잉볼 바깥을 천천히 문지르며 돌려보세요.

잘 울리지 않더라도 천천히 돌리면서 소리를 기다려보세요.

소리와 진동이 서서히 그릇 안쪽으로 모여들어,

더 깊고 진한 소리가 나는 걸 느낄 수 있을 거예요.

여러분이 만드는 소리의 울림이

마치 파도처럼 방 안을 가득 채우고 있는 것처럼 상상해 봐요.

5. 느낌과 생각 나누기

생각을 나누면서 반응해 줍니다.

이제 싱잉볼을 내려놓고 눈을 감고 천천히 호흡을 한 번 합니다.

이제 눈을 뜨세요. 싱잉볼을 울리면서 어떤 기분이 들었나요?

마음이 어떻게 달라지는지 같이 이야기를 나누어 볼까요?

지도 팁

- 부모님과 선생님들도 많이 울리고 느껴보세요.
- 아이에게 싱잉볼 치는 법을 알려주면서, 급하게 치려고 하는 마음도 알아차리게 합니다.
- 급하게 치려는 마음을 알아차리고 바라보는 것도 유도합니다.

지금, 아이와 시작하는 통합명상

● 함께 나누는 싱잉볼 울림 명상

어린이들이 함께 둘러앉아 차례로 싱잉볼을 울리는 명상입니다. 싱잉볼을 돌아가면서 울리고, 친구의 소리를 듣고 느끼는 명상은 더 깊은 주의 집중력, 감정 조절 능력, 공감 지능, 사회성, 인내심 등의 향상에 도움이 됩니다. 함께하는 마음으로 조화를 이루는 울림의 의미를 느끼고 생각하도록 합니다.

함께 나누는 싱잉볼 울림 명상(우리가 만드는 하나의 울림!)

□ **대상 연령:** 전 연령

□ **준비물:** 싱잉볼 (인원수)

□ **기대 효과**

1. 집중력과 관찰력 향상

2. 공감 능력 향상

3. 정서적 안정과 스트레스 해소

4. 공동체 의식 및 사회성 향상

함께 나누는 싱잉볼 울림 명상(우리가 만드는 하나의 울림!)

□ **지도 중점**

1. 싱잉볼을 차례로 울리고, 그 울림과 진동을 느끼게 합니다.

2. 옆의 친구가 울린 소리에 집중하여 느끼고 기다리는 마음을 갖도록 유도합니다.

3. 옆의 친구 소리가 점점 작아지고 끝날 때쯤, 눈을 뜨고 자신의 싱잉볼을 울리게 합니다.

4. 소리가 어우러지는 공명도 느껴보도록 유도합니다.

□ **명상 안내**

1. 시작하기

싱잉볼을 돌아가면서 울리는 방법과 의미를 설명합니다.

　　이제 돌아가면서 차례로 한 명씩 싱잉볼을 쳐보고,

　　옆 친구가 만든 소리를 듣고 느껴볼 거예요.

　　서로의 소리를 들으면서 우리 모두가 함께 만들어낸 멋진 하모니를 느껴보아요.

2. 차례로 울림

차례로 돌아가면서 울리도록 합니다.

함께 나누는 싱잉볼 울림 명상(우리가 만드는 하나의 울림!)

이제 차례로 싱잉볼을 부드럽게 울려보세요.

옆의 친구가 만든 울림의 소리를 충분히 듣고 기다린 후에 나의 싱잉볼을 울려봅니다.

그리고 친구의 울림과 나의 울림이 함께 어우러지는 것을 들어보세요.

함께 울리는 싱잉볼의 울림이 여러분 안에서 어떻게 느껴지는지,

눈을 감고 깊이 느껴보세요.

여러분의 가슴 속에 서로 교차하는 파도처럼 퍼지는 진동을 상상해 보세요.

3. 마무리

싱잉볼을 내려놓고 천천히 3회 호흡을 합니다. 눈을 감고 마음의 느낌을 느껴보도록 유도합니다.

이제 싱잉볼을 내려놓고 눈을 감고 천천히 호흡을 합니다.

들이마시고, 내쉬고, 들이마시고, 내쉬고, 다시 한 번 들이마시고 내쉽니다.

눈을 감은 채로 싱잉볼의 울림과 그 느낌을 느껴보세요.

마음이 고요하고 따뜻해졌나요?

이제 천천히 눈을 떠보세요.

함께 나누는 싱잉볼 울림 명상(우리가 만드는 하나의 울림!)

4. 느낌과 생각 나누기

느낌과 생각을 나눕니다. 차례로 말하도록 유도하면서 반응해 줍니다.

함께 울리는 싱잉볼 명상을 한 느낌과 생각을 같이 이야기해 볼까요?
내 차례가 되기 전에 빨리 치고 싶은 마음이 들었나요? 기다려줄 수 있었나요?
친구가 울리는 소리와 나의 소리가 같이 조화를 이루는 것이 느껴졌나요?

지도 팁

- 부모님과 선생님들이 싱잉볼을 많이 체험하는 것이 좋습니다.
- 아이들이 주의 깊게 친구들의 소리를 기다려주고, 듣도록 유도합니다.
- 성급하게 치려고 하거나 친구를 방해하는 아이들도 꾸중하지 않고 스스로 깨닫도록 부드럽게 유도합니다.

지금, 아이와 시작하는 통합명상

2.

호흡으로
마음의 근육을 키워요

호흡은 생명 유지의 기본 기능을 넘어, 건강과 감정에 깊은 영향을 미칩니다. 불안이나 분노가 일어나면 호흡이 빨라지지만, 반대로 호흡을 조절하면 감정을 차분하게 만들 수 있습니다. 깊고 느린 복식 호흡은 자율신경의 부교감신경을 활성화하여, 심박수 감소와 스트레스 완화의 효과가 있습니다. 호흡 명상은 건강과 감정 관리에 큰 도움이 됩니다. 호흡 명상은 일반적인 호흡에 의식을 집중하고 자각하는 것입니다. 깊고 고요한 호흡은 자연스럽게 호흡 명상으로 이어지게 됩니다. 특히 긴 날숨은 자율신경계의 부교감신경을 활성화하여 몸과 마음을 빠르게 이완하고, 숙면에 도움이 되며 면역력의 강화에 도움이 됩니다.

어린이들은 호흡 명상을 통하여 산만함이 줄고, 수업이나 활동에 더 잘 집중하는 힘이 생깁니다. 자신의 몸과 감정을 더 잘 인식하게 됩니다. 충동이나 감정을 조절하는 힘도 기를 수 있습니다.

호흡 명상 파트는 일상에서 수시로 긴장을 완화하고 감정을 조절할 수 있는 5회 호흡 명상과 함께, 기준점 호흡 명상, 기준점으로 돌아오기 명상, 내면의 고요한 공간 호흡 명상들로 구성되어 있습니다. 어린이들은 긴 시간 호흡에 집중하는 것이 어려울 수 있으므로, 시간을 짧게 하여 진행합니다. 5회 호흡 등을 수시로 하는 것이 더 효과가 좋을 수 있습니다.

● 5회 호흡 명상

5회 호흡 명상은 들숨보다 날숨을 천천히 길게 집중하여 뱉는 명상입니다. 다섯 번만 호흡에 마음을 집중해도 편안해지고 고요해질 수 있습니다. 매일 꾸준히 연습하면 집중력과 함께 감정을 관리할 힘이 생깁니다. 짜증이나 화가 나거나 긴장되고 불안한 마음이 올라올 때 다섯 번 천천히 호흡하면, 분노와 불안으로부터 자유로워지는 고요함과 편안함을 점차 느낄 수 있습니다.

5회 호흡 명상 (내 안의 고요함 느끼기)

□ **대상 연령: 전 연령**

□ **기대 효과**

1. 마음의 안정과 스트레스 감소

2. 집중력 향상

3. 자기 인식과 자기 조절 능력 향상

4. 몸과 마음의 이완, 긴장 완화

□ **지도 중점**

1. 날숨을 길게 천천히 쉬도록 유도합니다.

2. 날숨이 몸과 마음을 편안하게 한다는 것을 느끼게 합니다.

3. 처음에는 숫자를 세며 유도하고, 이후 어린이가 스스로 하도록 합니다.

4. 마음이 답답하거나 힘들거나 걱정이 있을 때, 언제든지 5회 호흡으로 편안해질 수 있다는 것을 느끼고 인식하도록 합니다.

5. 날숨은 자율신경계의 부교감신경을 활성화하여, 몸과 마음의 긴장을 이완하는 효과가 있습니다.

6. 자신의 느낌과 경험에 대해 이야기하는 기회를 갖도록 합니다.

5회 호흡 명상 (내 안의 고요함 느끼기)

□ **명상 안내**

1. 시작하기

호흡 명상의 방법과 효과를 간단히 설명하고, 자세를 취하도록 합니다.

> 우리 몸과 마음은 이어져 있어요. 그리고 그 사이를 이어주는 열쇠는 호흡이에요.
>
> 호흡에 마음을 모으면, 마음이 편안해지고 몸이 건강해져요.
>
> 허리를 곧게 펴고 다리는 편안한 자세로 앉아 보세요.
>
> 몸을 편안하고 부드럽게 하고, 양손은 무릎 위에 편안하게 놓으세요.
>
> 이제 숨이 나가는 날숨마다 숫자를 셀 거예요.
>
> 숫자에 맞추어 자연스럽고 편하게 숨을 쉬면 돼요.

2. 호흡 유도

숫자를 세면서, 5회 호흡을 유도합니다.

> 눈을 감고 천천히 코로 숨을 들이마시고, 천천히 내쉬어요. 내쉬면서 속으로 하나!
>
> 부드럽게 들이마시고, 후~ 길게 내쉬고 둘!
>
> 한 번 더 숨을 들이마셨다가, 천천히 숨을 내쉬고 셋!
>
> 마음이 점점 편안해지는 것을 느껴봐요.

지금, 아이와 시작하는 통합명상

5회 호흡 명상 (내 안의 고요함 느끼기)

다시 숨을 들이마시고 천천히 내쉬며, 넷!

마지막, 한 번 더 숨을 들이마시고 길게 내쉬어요. 다섯~

이제 편안하고 자연스럽게 숨쉬면서 마음이 점점 더 편안해지는 것을 느껴보세요.

3. 각자 5회 호흡

각자 5회 호흡을 하도록 하고, 시간을 줍니다.

이제 각자 다섯 번 호흡할 거예요.

천천히 들이마시고 내쉴 때마다 속으로 하나부터 다섯까지 세면서

천천히 호흡해 보세요.

숨을 천천히 내쉬면서 하나부터 다섯까지 세면서 호흡하면,

훨씬 마음이 편안해지는 것을 느낄 수 있어요.

5회 호흡을 하도록 시간을 줍니다. 시간에 따라 2~3번 반복합니다.

이제 한 번 더 해볼까요? 각자 다섯 번씩 호흡을 해 보세요.

다섯 번 숨을 다 쉰 다음에는 편안하게 들숨, 날숨을 느끼면서 숨을 쉬어요.

날숨을 쉬면서 몸과 마음이 편안해지는 것도 느껴보아요.

4. 마무리

호흡 5번으로 언제든지 마음이 편안해지는 것을 인식하게 유도하고 마무리합니다.

> 언제 어디서든지 마음이 답답하고 힘들 때,
>
> 지금처럼 내쉬는 숨마다 숫자를 세면서 5번 천천히 호흡하면
>
> 마음이 편안해질 수 있어요.
>
> 마음의 표면에서는 파도가 쳐도,
>
> 마음속 깊숙이 고요함을 언제든 찾을 수 있어요.
>
> 평소 시간이 있을 때마다, 1분씩만 5회 호흡을 해 봐요.
>
> 마음의 힘을 키울 수 있어요.
>
> 이제 천천히 눈을 뜨고 몸을 움직일게요.

5. 느낌과 생각 나누기

문답을 나누면서 반응해 줍니다.

> 우리 함께 느낌과 생각을 이야기해 볼까요?
>
> 5회 호흡을 하니까 느낌이 어땠나요?
>
> 마음이 편안하고 고요해지는 것을 느꼈나요?

5회 호흡 명상 (내 안의 고요함 느끼기)

지도 팁

- 평소 시간이 있을 때마다 1분 동안 5회 호흡을 연습해 보세요.

- 아이와 함께 가족이 모여 1분 5회 호흡을 습관화해 보세요.

- 학교에서 수업 전에 5회 호흡을 하면 아이들의 집중에 도움이 될 것입니다.

- 날숨에 천천히 길게 집중하며 몸과 마음이 편안해지는 것을 느끼는 데 중점을 둡니다.

● 기준점 호흡 명상

기준점 호흡 명상은 호흡을 느끼는 몸의 감각을 기준점으로 삼아 자각에 집중하는 명상입니다. 호흡 자체에 집중하는 것이 아니라, 호흡을 느끼는 배의 감각에 집중합니다. 배의 기준점을 몸과 마음의 중심으로 인식합니다. 배의 감각을 기준점으로 집중하는 명상은 어린이들의 산만함을 줄이고, 지금 이 순간에 오롯이 주의를 머무르게 만듭니다. 이는 학습 및 일상생활에서 집중력과 몰입을 높여줍니다. 감정이 흔들릴 때 기준점에 집중하는 호흡은 혼란이나 긴장을 빠르게 줄이는 데 도움이 됩니다.

기준점 호흡 명상 (몸과 마음의 중심 세우기)

□ **대상 연령** : 전 연령

□ **기대 효과**

1. 신체 감각 자각 능력 향상

2. 스트레스 해소

3. 집중력 및 자각의 힘 강화

4. 몸과 마음의 이완과 힐링

기준점 호흡 명상 (몸과 마음의 중심 세우기)

□ **지도 중점**

1. 호흡이 아닌, 호흡을 느끼는 배의 감각을 자각하고 집중합니다.

2. 호흡을 느끼는 감각을 배에 손을 대고 배를 기준점으로 하여 느끼도록 합니다.

3. 호흡에 집중하기 어렵다면 5회 호흡 명상으로 자연스러운 집중 상태를 유도합니다.

4. 명상을 하는 중에 아이들이 긴장해 있지 않은지 살펴보고, 이완하도록 돕습니다.

5. 누워서 진행하고, 익숙해지면 앉아서 하는 것도 좋습니다.

6. 끝나고 자신의 느낌과 경험을 공유하며 마무리 시간을 갖습니다.

□ **명상 안내**

1. 시작하기

편안한 자세로 눕게 하고, 몸의 감각을 차례로 느끼도록 안내합니다.

> 다리와 머리가 일직선이 되도록 바닥에 등을 대고 누우세요.
>
> 양팔은 몸 옆에 자연스럽게 두고 눈을 감아봐요. 지금부터 움직이지 않을 거예요.
>
> 몸의 부위를 가만히 집중해서 느껴보도록 해요.
>
> 먼저 머리가 바닥에 닿는 느낌을 느껴보세요.
>
> 이제 등이 닿는 느낌도 느껴봅니다.
>
> 팔, 손, 허리, 다리, 발도 순서대로 느껴보세요.

기준점 호흡 명상 (몸과 마음의 중심 세우기)

아이들이 스스로 느낄 수 있도록 여유를 가지고 진행하도록 합니다.

2. 기준점으로 호흡하기

두 손을 아랫배에 올려놓고, 배의 기준점으로 호흡을 느껴보게 합니다.

> 두 손을 모아 배꼽 아래에 올려놓고 호흡을 느껴보세요.
>
> 눈을 감고, 코로 숨을 천천히 쉴 거예요.
>
> 숨을 쉴 때마다 내 배가 오르락내리락하는 것을 느껴봅니다.
>
> 숨을 쉴 때마다 움직이는 나의 배는 호흡을 느끼는 기준점이 될 거예요!
>
> 이 기준점은 내 몸과 마음의 중심이에요.
>
> 코로 들이마시는 숨에 아랫배에 공기를 가득 불어 넣어,
>
> 배가 풍선처럼 부풀어 오르게 해봅니다.
>
> 손의 감각으로 배가 올라감을 느껴보아요.
>
> 숨을 내보낼 때는 풍선에서 공기가 빠지듯이 천천히 내보내 봐요.
>
> 손의 감각으로 배가 내려가는 것을 느껴보세요.
>
> 잘 못 느껴도 상관없어요. 살짝만 느껴도 되고, 편안하게 생각을 하기만 해도 돼요.

지금, 아이와 시작하는 통합명상

기준점 호흡 명상 (몸과 마음의 중심 세우기)

3. 기준점 느끼기 (중심하기)

아랫배의 기준점을 확실하게 느끼도록 합니다.

배가 오르고 내리는 걸 느낄 수 있나요?

배의 움직임을 중심으로 기준점을 느껴보아요.

이 기준점은 몸과 마음의 중심이에요.

마음이 힘들고, 생각이 많아 괴로울 때,

우리는 언제든지 내 몸의 중심(기준점)으로 돌아오면 편안해질 수 있어요.

아무리 파도가 쳐도 깊은 바닷속은 고요한 것과 같아요.

마음이 힘들 때, 호흡에 집중하면 뇌와 몸을 편안하게 하는 신호를 보내는 거예요.

따라서 불안하거나, 걱정이 있거나, 슬프고 마음이 힘들 때 도움이 돼요.

친구들과 다투고, 부모님에게 혼나면,

감정은 요동치고, 부정적인 생각은 많아져요.

이때 우리 몸에는 나만을 위한 고요한 중심이 있어요.

그게 바로 호흡이 느껴지는 나의 아랫배 기준점이에요.

이 기준점을 느끼는 것만으로도,

우리는 즉각적으로 편안해지는 것을 경험할 수 있어요.

4. 각자 호흡하기

1~2분간 어린이들이 스스로 할 수 있도록 시간을 줍니다.

각자 숨이 들어오고 나가는 것을 천천히 배에 손을 대고 느껴봐요.

아랫배의 기준점으로 몸과 마음의 중심을 느껴봐요.

5. 마무리

호흡을 정리하고, 몸을 천천히 움직이면서 일어나도록 합니다.

자, 천천히 숨을 한 번 깊게 들이마시고 내쉬어요.

눈을 감은 채로 손가락을 움직이고 느껴보세요. 발가락도 천천히 움직여보세요.

이제 눈을 뜨고 천천히 움직이세요.

천천히 일어나세요. 기지개도 한 번 켜고 편안히 앉으세요.

6. 느낌과 생각 나누기

질문과 답변을 통해, 호흡의 기준점과 중심에 대한 느낌을 나눕니다.

이제 자신이 느꼈던 느낌이나 생각을 같이 나누어 볼게요.

배의 기준점이 느껴졌나요?

기준점 호흡 명상 (몸과 마음의 중심 세우기)

배의 기준점이 느껴지니까 어땠나요? 마음이 편안해졌나요?

잘 안 된 것 같아요? 괜찮아요. 생각만 해도 기준점이 충분히 자리 잡을 수 있어요.

지도 팁

- 배의 일어나고 사라짐을 풍선과 같이 느끼도록 하는 것도 좋습니다.

- 배의 감각을 기준점으로 느끼도록 하는 것이 중요합니다.

- 너무 애쓰지 말고, 편안하게 생각만 해도 좋다는 것을 알려줍니다.

● 기준점 돌아오기 호흡 명상

배의 중심 기준점으로 호흡하다가 소리 등 다른 감각이나 생각으로 주의가 옮겨가면 이를 알아차리고, 이름 붙여서 확인하고, 다시 중심 기준점으로 돌아오는 명상입니다. 이 명상은 산만함, 잡념 등 자신의 내면 경험을 부정하지 않고 알아차리고 다시 기준점으로 돌아오는 연습을 통해, 자신의 생각이나 감정 변화를 스스로 자각하는 메타 인지의 힘을 길러줍니다. 이것은 좌절하거나 산만해질 때도 빠르게 본래 목표로 돌아오는 습관(회복 탄력성)을 기르는 데 효과적입니다. 스트레스 관리와 감정 조절에도 도움이 됩니다.

기준점 돌아오기 호흡 명상 (몸과 마음의 중심 돌아오기)

□ **대상 연령:** 고학년

□ **기대 효과**

1. 자기 인식 및 자기 조절 능력 향상

2. 주의 집중력과 메타 인지 능력의 향상

3. 마음의 유연성, 내적 공간감, 회복 탄력성 강화

지금, 아이와 시작하는 통합명상

기준점 돌아오기 호흡 명상 (몸과 마음의 중심 돌아오기)

□ **지도 중점**

1. 주의가 기준점에서 다른 곳으로 옮겨간 것을 확실히 인지(자각)하고 확인하게 합니다.

2. 집중보다, 집중이 안 되고 있음을 알아차리고 기준점으로 돌아오는 것이 더 중요합니다.

3. 어렵게 생각할 수 있으나, 잘되지 않더라도 편한 마음으로 해보도록 지지해 줍니다.

□ **명상 안내**

1. 시작하기

앉거나 누운 상태에서 배의 기준점으로 3~5회 호흡을 느끼게 합니다.

> 편안하게 앉거나 누운 상태로 배꼽 아래쪽 배에 손을 올려놓아요.
>
> 그 지점을 기준점으로 하여 호흡을 느껴보는 거에요.
>
> 숨을 천천히 깊게 들이마실 때마다 아랫배가 부풀어 오르는 것을 느껴봐요.
>
> 숨을 내쉴 때는 아랫배가 천천히 들어가는 감각에 집중해요.
>
> 이때 '배가 올라가네', '배가 내려가네'라고 마음속으로 생각하며 확인합니다.

2. 소리 자각 확인하기

소리를 인지하고, 마음이 소리를 향해 간 것을 알아차리고 확인하게 합니다.

기준점 돌아오기 호흡 명상 (몸과 마음의 중심 돌아오기)

혹시 소리를 들었나요? 마음이 기준점에서 소리로 갔지요?

그러면 '마음이 소리로 갔네' 하고 마음속으로 생각하며,

'소리'라고 이름 붙여보세요.

이름 붙이는 것은 마음이 다른 곳으로 갔다는 것을 알아차리고 확인하는 거예요.

3. 기준점으로 돌아오기

소리를 확인하고 다시 아랫배의 기준점으로 돌아와서 호흡의 감각에 집중하게 합니다.

소리를 이름 붙여 확인했나요?

그럼 이제 아랫배의 기준점으로 돌아와서 다시 호흡에 집중해 보세요.

숨이 들어오고 나가고, 배가 올라오고, 내려가고. 천천히 호흡을 느껴보세요.

4. 감각 인지 확인하기

다른 감각으로 주의가 산만해지면 알아차리고 확인하게 합니다.

혹시 다른 감각이 느껴지나요?

발이 저리거나 갑갑하거나 하는 감각이 느껴졌나요?

발이 저리면 '발이 저리는구나' 하고 느끼고서

거기에 '감각'이라고 이름을 붙여 보세요.

지금, 아이와 시작하는 통합명상

이름 붙이는 것은 마음이 다른 곳으로 간 것을 확인하는 거예요.

마음이 기준점에 집중하지 못하고 다른 곳으로 갔어요.

5. 기준점으로 돌아오기

다시 배의 기준점으로 돌아오게 합니다.

확인했으면 다시 아랫배의 기준점으로 천천히 돌아오세요.

배가 올라오고, 배가 내려가고 천천히 호흡에 집중해 보세요.

6. 생각 확인하고, 기준점으로 돌아오기

다른 생각이나 잡념으로 마음이 간 것을 알아차리고 확인하고 배의 기준점으로 돌아오는 것의 느낌을 느끼도록 합니다. 어렵게 느끼더라도 애쓰지 말고 그냥 그런 느낌이 있다는 것을 알게 하기만 해도 됩니다.

혹시 다른 생각이나 잡념이 떠올랐나요?

마음이 기준점에 집중하다가 다른 곳으로 간 것을 알아차리는 거예요.

아, 지금 다른 생각이 들었구나, 하고 알아차리고,

속으로 '생각'하고 이름 붙여 확인해 보아요.

그리고 천천히 배의 기준점으로 돌아와서, 숨을 천천히 쉬어요.

기준점 돌아오기 호흡 명상 (몸과 마음의 중심 돌아오기)

또 생각이 나면 알아차리고 이름 붙이고, 기준점으로 돌아오세요.

숨을 쉴 때마다 배의 기준점 중심에 마음을 두고 있다가,

딴생각이 나면 다시 천천히 배로 돌아오면 돼요.

속으로 '생각'하고 확인하고 부드럽게 중심(배)으로 돌아옵니다.

천천히 이름 붙여 확인하고, 천천히 돌아오면 돼요.

우리 마음은 원래 끊임없이 이리저리 바쁘게 돌아다녀요. 하지만 괜찮아요.

마음이 원하지 않는 곳으로 갔다면,

언제든지 호흡의 기준점, 중심으로 돌아오면서 마음을 돌려놓을 수 있어요.

7. 마무리

천천히 호흡을 마무리하고, 몸을 움직입니다.

자, 다시 한 번 천천히 숨을 들이마시고 내쉬어요.

눈을 감은 채로 손가락을 움직이고 느껴보세요.

이제 눈을 뜨고 천천히 움직이세요.

8. 느낌과 생각 나누기

질문과 답변을 통해 호흡의 기준점으로 돌아온 느낌과 생각을 나눕니다.

지금, 아이와 시작하는 통합명상

기준점 돌아오기 호흡 명상 (몸과 마음의 중심 돌아오기)

이제 자신이 느꼈던 느낌이나 생각을 같이 나누어 볼게요.

어땠어요? 힘들었나요?

감각, 소리, 생각 등으로 마음이 간 것을 알아차렸나요?

이름 붙이니 어땠어요?

다시 배의 중심 기준점으로 잘 돌아오던가요?

어렵게 생각하지 말아요. 조금씩이라도 해나가면, 마음의 근육을 키울 수 있어요.

처음에는 편하게 생각만 하고, 이름만 붙여도 되어요.

점점 마음의 힘이 생기게 돼요.

지도 팁

– 절대 어렵게 생각하지 말고 편안하게 할 수 있도록 합니다.

– 처음에는 이름 붙이는 것을 부모님과 선생님이 같이 하는 것도 효과가 있습니다.

– 아이들도 우리가 생각하는 것보다 잘할 수 있습니다.

– 반복적으로 연습한다면, 자신의 생각과 감정을 인지하고 관리할 수 있는 힘이 생깁니다.

● 내면의 고요한 공간 호흡 명상

호흡과 호흡 사이의 틈, 고요함을 자각하고 내면의 마음 공간을 느끼는 명상입니다. 아이들이 자신의 내면에서 쉴 수 있는 고요한 마음 공간을 느끼게 하는 명상입니다. 내면의 고요한 마음 공간을 느끼게 하는 명상은 아이가 자신의 마음 안에서 조용하고 안정된 느낌을 스스로 발견할 수 있도록 도와줍니다. 고요한 마음 공간을 느끼는 명상은 회복 탄력성에도 큰 도움이 됩니다. 반복적인 명상으로 아이들은 자연스럽게 긴장이 줄어들고 마음이 안정됩니다. 내면의 고요함을 체험함으로써, 감정이나 생각을 관찰하는 힘이 생기고, 마음의 여유가 생깁니다.

내면의 고요한 공간 호흡 명상 (숨결 속 작은 틈, 깊은 휴식)

▫ **대상 연령:** 고학년

▫ **기대 효과**

1. 정서 안정 및 스트레스 완화

2. 내면의 에너지 강화

3. 집중력 및 학습 능력 향상

4. 긍정적인 자기 이미지 및 자존감 증진

내면의 고요한 공간 호흡 명상 (숨결 속 작은 틈, 깊은 휴식)

□ **지도 중점**

1. 호흡에 집중하고 호흡과 호흡 사이의 고요함을 자각하도록 유도합니다.

2. 그 고요한 나만의 공간이 느껴지지 않더라도 항상 우리 안에 있음을 자각하도록 반복 유도합니다.

3. 기쁘거나 슬플 때, 화가 나거나 불안함을 느낄 때, 공부하거나 놀 때, 다투거나 할 때도 마음 공간의 고요함은 늘 우리 안에 있음을 알려줍니다.

4. 5분에서 10분 정도의 시간으로 진행하며, 천천히 여유로운 마음을 갖도록 합니다.

□ **명상 안내**

1. 시작하기

자세를 취하고, 호흡 명상을 유도합니다.

> 힘을 빼고 허리를 펴고 편안히 앉아보세요. 호흡 명상을 같이 할 거예요.
>
> 부드럽게 숨을 들이마시고 천천히 내쉬어요. 다시 한 번 들이마시고 내쉬고,
>
> 배가 들숨을 따라 올라오고 날숨을 따라 내려가는 것을 느껴보세요.
>
> 천천히 호흡에 집중해 보세요. 몸과 마음이 고요하고 편안해집니다.

2. 호흡 사이의 고요함 느끼기

호흡과 호흡 사이의 고요함을 느끼도록 유도합니다. 못 느끼더라도 괜찮음을 말하고 편하게 상상하도록 유도합니다.

> 우리의 호흡과 호흡 사이에는 아주 작은 틈이 있어요.
>
> 그리고 그 틈에는 고요한 공간이 있어요.
>
> 하지만 그 틈은 평소에는 발견할 수 없어요.
>
> 천천히 호흡을 느끼면서 들숨과 날숨에 온 마음을 집중하면,
>
> 호흡 사이의 작은 틈, 고요한 공간을 느낄 수 있어요!
>
> 잘 안 느껴지더라도 괜찮아요. 너무 애쓰지 말고,
>
> 일부러 숨을 멈추지 말고 상상만 해도 좋아요.
>
> 숨을 들이마시고, 천천히 내쉬어요. 그 사이에 고요함이 있어요.

3. 내면의 고요한 마음 공간 느끼기

내면의 고요한 마음 공간을 느끼면서 편안하게 쉬도록 유도합니다.

> 호흡 너머의 고요한 마음 공간을 상상해 봐요.
>
> 마음속에 고요한 마음 공간이 있다고 상상해 보세요.
>
> 내 생각 너머, 깊은 마음속에는 고요한 마음의 공간이 있어요.

그 공간은 우리가 힘들거나 어려울 때도,

언제나 나를 따뜻하게 안아주고 위로해 주는 고요하고 평화로운 공간이에요.

내 안의 중심, 고요한 마음 공간을 느끼면서 편하게 쉬어요.

혹시 딴생각이나 소리, 감정이 떠오르면,

알아차리고 천천히 호흡으로 돌아와서 숨을 쉬면서

내면의 고요한 공간을 상상해 봐요.

내 안의 고요한 마음 공간을 느껴보세요.

4. 마무리

1~2분간 고요한 마음 공간에 머문 후, 몸의 감각을 느끼면서 마무리합니다.

이제 손가락을 천천히 움직이며 느껴봅니다.

몸을 천천히 움직이면서 눈을 뜹니다.

5. 느낌과 생각 나누기

질문과 답변을 통해 내면의 고요한 마음 공간에 대한 느낌과 생각을 나눕니다.

이제 자신이 느꼈던 느낌이나 생각을 같이 나누어 볼게요.

내 안의 고요한 마음 공간의 느낌이 어떠한가요?

내면의 고요한 공간 호흡 명상 (숨결 속 작은 틈, 깊은 휴식)

앞으로 짜증이 나고 힘들 때,

천천히 숨을 쉬면서 호흡 사이의 틈, 내면의 마음 공간을 상상하고 느껴봐요.

지도 팁

- 호흡과 호흡 사이의 틈을 너무 의식하고 집착하지 않도록 합니다.
- 호흡과 호흡 사이의 멈춤이 있다는 것을 생각만 해도 됩니다.
- 호흡 너머, 생각 너머 내 마음의 깊은 내면에 고요한 마음 공간이 있다는 것을 인식하게 합니다.

지금, 아이와 시작하는 통합명상

3.

내면의 에너지를 높이는
긍정 만트라 명상

만트라는 인도 명상에서 정신을 집중하거나 명상할 때 사용하는 구절이나 소리를 의미합니다. 만트라는 그 자체로 강력한 정신적 도구로, 개인의 명상과 영적 수행을 심화시키는 데 널리 사용되고 있습니다. 만트라 명상은 마음을 집중하게 하고, 산란한 마음을 고요하게 하여 내면의 평화를 가져옵니다. 또한 긍정적인 에너지 진동으로 몸과 마음의 에너지를 조화롭게 해 줍니다. 만트라 명상은 특정한 소리나 단어를 반복함으로써 깊은 명상 상태에 들어가게 합니다. 호흡에 맞춘 만트라의 반복은 긴장된 몸과 마음을 진정시키고, 불안이나 스트레스를 줄여줍니다.

어린이 명상에서는 긍정적인 단어를 나만의 만트라로 삼아 명상합니다. 만트라는 짧고 간단한 구절로, 스스로에게 용기를 주거나 좋은 기운을 불어넣는 말중에서 자유롭게 정할 수 있습니다. 아이가 반복적인 만트라를 마음속으로 또는 소리 내어 읊으면서, 동시에 호흡에 집중하는 명상입니다. 어린이 만트라 명상은 집중력을 키워주며, 외부 자극에 흔들리지 않는 마음의 중심을 강화해 줍니다. 또한 만트라의 반복적인 염송은 마음을 안정시키고, 불안, 두려움, 초조함을 줄이는 데 도움이 됩니다.

나만의 만트라 명상

□ **대상 연령:** 전 연령

□ **기대 효과**

1. 집중력 및 주의력 향상

2. 불안 및 부정적 감정 완화

3. 긍정적 자기 암시 효과

4. 스트레스 완화 및 심리적 안정감

□ **지도 중점**

1. 어린이들이 자신이 원하는 만트라를 만들어도 좋고, 부모님이나 선생님이 간단한 문장을 제시해 주어도 좋습니다.

2. 만트라는 평화, 사랑, 행복 등의 단어도 좋고 '마음이 편안해', '걱정 안 해도 돼', '나는 소중해' 등의 간단한 문장도 좋습니다.

3. 만트라 염송 명상은 아침에 하루를 시작할 때, 혹은 잠들기 전이나 마음이 불안할 때 정기적으로 실천하면 좋습니다.

4. 연령에 따라 만트라 선정, 시간 길이, 리듬을 맞추어 진행합니다.

나만의 만트라 명상

□ **명상 안내**

1. 시작하기

명상 자세를 취하고 호흡을 유도합니다.

> 명상 자세로 편안하게 앉으세요.
>
> 바닥이나 의자에 앉아 등을 곧게 펴고, 눈을 감고 편안하게 앉습니다.
>
> 손은 무릎에 가볍게 놓으세요.
>
> 이제 천천히 호흡을 한 번 합니다. 들이마시고 내쉽니다.

2. 각자의 만트라 정하기

만트라를 설명해 주고, 각자의 만트라를 정합니다.

> 이제 나만의 만트라를 정할 거예요.
>
> 만트라의 말은 힘이 있어요.
>
> 내 바람이나 이루고 싶은 마음을 담은 만트라를 정해 보세요.
>
> 평화, 사랑, 행복 같은 단어도 좋고,
>
> '마음이 편안해', '나는 다 잘돼!', '나는 소중해' 등의
>
> 간단하면서도 긍정적인 문장도 좋아요.

지금, 아이와 시작하는 통합명상

3. 만트라 되뇌기

각자의 만트라를 속으로 반복하여 되뇌게 합니다.

나만의 만트라를 정했나요?

이제 나만의 만트라를 속으로 천천히 반복해서 말해 봅니다.

만트라를 말할 때마다 진심을 담아 그 의미를 느끼며 반복해 봐요.

만트라를 천천히 리듬감 있게 염송하며

그 말이 몸과 마음에 가득한 것을 상상해 봐요.

4. 호흡에 맞추어 만트라 염송

자신이 정한 만트라를 호흡에 맞추어 속으로 반복하게 합니다.

숨을 들이마시고 내쉴 때마다

호흡에 맞추어 천천히 만트라를 속으로 반복하세요.

호흡 길이에 따라 한 호흡에 여러 번 반복해도 돼요.

호흡의 리듬에 따라 만트라를 반복해서 말해 보아요.

머릿속이나 가슴으로 그 말을 또렷하게 떠올리면서 호흡의 리듬을 타는 거예요.

마치 오르락내리락하는 시소와 같이 시소가 내려갈 때

만트라를 한다는 느낌과 비슷해요.

들숨을 천천히 들이쉬었다면,

내쉬는 숨을 알아차리며,

나만의 만트라를 내쉬는 숨과 함께 마음속으로 되뇌어 보는 거예요!

명상 중에 다른 생각이 떠오르거나 집중이 흐트러지면,

다시 숨과 만트라에 주의를 돌려서 이어가 봅니다.

5. 마무리

호흡을 유도하면서 명상을 마무리합니다.

이제 숨을 들이마시고 천천히 내쉬어요.

눈을 천천히 뜨고 몸을 천천히 움직입니다.

6. 생각과 느낌 나누기

만트라 명상의 느낌과 생각을 함께 나눕니다.

이제 만트라 명상을 해본 느낌이나 생각을 같이 나눌까요?

만트라를 호흡에 맞추어 할 때 어렵지는 않았어요?

만트라 명상을 할 때 마음이 편안해지는 게 느껴졌나요?

어떤 느낌이나 생각이 들었어요?

나만의 만트라 명상

지도 팁

- 아이가 스스로 선택한 만트라를 쓰는 것이 효과적입니다.

- 짧고 긍정적인 단어나 문장이 좋습니다.

- 일상에서 짧게라도 꾸준히 실천하면 더 큰 효과를 볼 수 있습니다.

- 반복 연습을 통해 자신감과 자기 효능감을 높일 수 있습니다.

- 오디오 파일을 활용해도 좋습니다. (QR코드)

4.

색깔과 모양으로
표현하는 마음,
만다라 명상

만다라는 '원'이라는 뜻의 산스크리트어로, 중심에서부터 여러 가지 무늬와 색을 반복적으로 그려 나가는 그림입니다. 만다라 명상은 만다라를 그리고 색칠하는 활동을 통해, 마음을 집중하고 안정시키는 명상입니다. 만다라의 구조적 특성 덕분에 자연스럽게 몰입이 되어 아이들이 쉽고 재미있게 명상을 할 수 있습니다.

어린이 만다라 명상 파트는 주어진 도안에 색칠을 하는 명상과 자신만의 만다라를 마음대로 그리는 명상으로 구성되어 있습니다. 어린이 만다라 명상을 통하여 마음의 안정과 집중력을 키울 수 있습니다. 또한 만다라 그림을 통해 자신만의 감정이나 생각을 자유롭게 표현할 수 있으며, 창의성, 상상력, 감수성을 키워주고, 긴장이나 불안을 완화하고 심리적인 안정감을 줍니다.

● 만다라 도안 색칠하기

만다라 도안 색칠하기는 만다라 도안에 자신이 원하는 색을 칠하며 집중하는 명상입니다. 만다라는 복잡한 패턴과 대칭적인 구조로 이루어져 있어, 아이들은 색칠하는 과정에 몰입함으로써 주의 산만함이 줄고, 집중하는 힘을 기를 수 있습니다. 반복적인 패턴을 따라 색칠하는 행위는 심리적으로 안정감을 주며, 스트레스가 해소됩니다. 다양한 색상 선택과 조합을 통해 창의력을 계발하고, 자신의 감정이나 생각을 색으로 표현할 수 있습니다.

만다라 도안 색칠하기 (색으로 만나는, 내 마음속 숨겨진 이야기)

□ **대상 연령:** 전 연령

□ **기대효과**

1. 집중력 향상

2. 정서 안정 및 심리적 안정감

3. 창의력과 자기표현 능력 향상

□ **준비물:** 만다라 도안, 필기도구(색연필, 크레파스 등)

□ **지도 중점**

1. 어린이들이 쉽게 색칠할 수 있는 만다라 도안과 색연필, 크레파스 등을 준비합니다.

2. 편안한 음악을 틀거나, 조명을 부드럽게 하여 어린이들이 집중할 수 있는 환경을 만들어 줍니다.

3. 비교나 평가 없이, 자유롭게 나만의 표현으로 색을 고르고 칠할 수 있도록 합니다.

4. 끝나고 어린이들이 자기 그림을 자유롭게 말이나 글로 표현하는 시간을 가집니다.

□ **명상 안내**

지금, 아이와 시작하는 통합명상

만다라 도안 색칠하기 (색으로 만나는, 내 마음속 숨겨진 이야기)

1. 시작하기

만다라 그리기 명상을 간단히 설명하고,

시작 전에 호흡을 2~3회 하면서 마음을 차분하게 합니다.

> 여러분, 만다라라는 그림을 들어본 적 있나요?
>
> 만다라는 중심에서 바깥으로 퍼져 나가는 동그란 그림이에요.
>
> 만다라는 우리의 마음 중심을 보여주는 그림이에요.
>
> 색칠을 하다 보면 신기하게도 마음이 차분해지고,
>
> 나의 중심에 머무는 기분이 들어요.
>
> 이제 만다라 그리기 명상을 할 거예요.
>
> 만다라 그림을 함께 색칠하면서 마음을 편안하게 하고,
>
> 내 마음을 살펴보는 시간을 가져볼 거예요.
>
> 편안하게 앉아서 잠시 두 눈을 감아볼까요?
>
> 크게 숨을 한 번 들이마시고, 천천히 내쉬어 봐요. 한 번 더 깊게 숨을 쉬어봅니다.
>
> 마음이 고요해지는 것을 느껴봐요.

2. 만다라 색칠하기

만다라 도안을 나누어주고 색칠을 하게 합니다.

만다라 도안 색칠하기 (색으로 만나는, 내 마음속 숨겨진 이야기)

이제 눈을 떠볼까요? 만다라 도안을 나눠줄게요.

만다라 그림을 받으면 내 앞에 놓고 한 번 바라보세요.

만다라는 동그란 원 안에 여러 가지 무늬가 들어 있는 그림이에요.

이 그림을 내 마음이 원하는 색으로, 천천히, 하나씩 색칠해볼 거예요.

마음이 이끄는 대로, 지금 내가 원하는 색깔을 골라서 천천히 색칠해 보세요.

빨강, 초록, 파랑, 노랑… 어떤 색도 괜찮아요.

내 마음에 드는 색이면 모두 좋아요.

지금 내 마음을 닮은 색이 있다면 어떤 색일까요?

먼저 그 색을 골라서, 중심부터 천천히 색칠해 보세요.

빨리 그리지 않아도 좋아요. 천천히 내 마음의 색으로 채워 보세요.

3. 색칠 계속하기

색칠하는 것을 보면서 지지해 줍니다.

마음이 가는 대로 색을 고르고 칠하다 보면,

나도 몰랐던 내 마음이 불쑥 나오게 돼요.

색칠하는 동안에 색이 채워지는 모습을 바라보면서,

나도 몰랐던 내 마음의 색깔들도 발견해 보고

또 예쁜 빛깔들이 내 마음에 들어오는 걸 상상해 보세요.

혹시 색을 칠하다가 기분이 달라지거나, 재미있는 생각이 들 수도 있어요.

지금, 아이와 시작하는 통합명상

만다라 도안 색칠하기 (색으로 만나는, 내 마음속 숨겨진 이야기)

그럴 때는 멈추지 말고, 계속 내 마음대로 색을 칠해 보세요.

지금은 조용히, 나만의 만다라에 집중하는 시간이에요.

다른 친구들과 비교하지 않고,

내가 좋아하는 색으로, 내가 원하는 방식으로 칠해 보세요.

4. 마무리

충분히 시간을 준 후, 마무리합니다.

만다라를 완성하면 어떤 기분이 드는지,

마음이 어떻게 달라졌는지도 느껴볼 거예요.

자, 이제 천천히 내 만다라 그림을 완성해 볼까요?

이제 천천히 색연필을 내려놓고,

완성된 나의 만다라를 조용히 바라봐요.

5. 만다라 감상 느낌 나누기

완성한 만다라를 함께 감상하며 느낌을 나눕니다.

자, 자기의 만다라를 완성했어요.

내가 어떤 색을 많이 썼는지, 어떤 느낌이 드는지 이야기해 볼까요?

만다라 도안 색칠하기 (색으로 만나는, 내 마음속 숨겨진 이야기)

가장 마음에 드는 부분은 어디예요?

지금 내 마음은 어떤가요? 처음 시작할 때랑 어떻게 달라졌나요?

색칠하는 동안 기분이 어떻게 변했는지 떠올려 볼까요?

지도 팁

- 도안은 인터넷 등에서 구할 수 있습니다.

- 아이의 연령에 맞는 도안을 선택합니다.

- 아이들이 마음껏 자기가 원하는 색깔로 칠하도록 합니다.

- 되도록 중앙부터 시작해 밖으로 칠하여 나가도록 합니다.

- 그림을 평가받지 않고, 자신의 느낌대로 그리는 것이 중요합니다.

지금, 아이와 시작하는 통합명상

● 자신의 만다라 마음대로 그리기

자신의 만다라 마음대로 그리기는 정해진 도안 없이 아이가 자유롭게 원을 그린 후, 내부 공간을 도형, 선, 색깔, 이미지로 채우는 명상입니다. 어린이가 스스로 만다라를 그리며 내면을 자유롭게 표현하는 명상입니다. 그림을 그리면서 지금 이 순간에 깨어 있게 됩니다. 또한 원(円)은 심리적으로 안정감을 주는 형태이기 때문에, 만다라를 그리며 마음을 편안하게 하고 불안을 줄일 수 있습니다. 한 가지 활동에 오롯이 몰입하는 경험을 하며 집중력과 인내심이 자랍니다. 틀에 얽매이지 않고 그림을 그리기 때문에 자신의 머릿속 아이디어를 자유롭게 표현할 수 있게 해줍니다. 말로 표현하기 어려운 감정이나 생각을 시각적으로 자연스럽게 드러낼 수 있습니다. 스트레스 등의 부정적인 감정을 자신도 모르게 그림 속에 안전하게 풀어낼 수 있습니다

자신의 만다라 마음대로 그리기

□ **대상 연령:** 고학년

□ **기대효과**

1. 창의력 및 상상력 증진
2. 자기 표현과 감정 해소

자신의 만다라 마음대로 그리기

3. 자존감 및 자기 효능감 강화

4. 집중력과 마음챙김 훈련

5. 스트레스 해소 및 정서적 안정

□ **준비물:** 종이, 필기도구 (연필, 색연필, 크레파스 등)

□ **지도 중점**

1. 완성 자체보다 그림을 그리는 과정이 더 중요함을 인식하게 합니다.

2. 색을 칠하고 선을 긋는 느낌과 내 마음을 관찰하는 것에 초점을 맞추도록 합니다.

3. 중간에 그만두거나 바꿔도 괜찮다고 격려해 줍니다.

4. 만다라를 함께 감상하면서, 간단히 느낀 점을 나누어 봅니다.

□ **명상 안내**

1. 시작하기

자리에 앉아서 조용히 호흡을 하게 합니다.

> 자리에 편안하게 앉아주세요. 눈을 살짝 감고,
>
> 몸이 편안해지는 것을 느껴보세요.
>
> 이제 천천히 숨을 깊게 들이쉬고, 천천히 내쉽니다.

자신의 만다라 마음대로 그리기

2. 만다라 그리기 설명

종이를 나누어 주고 마음대로 자신의 만다라 그리기를 간단히 설명합니다.

이제 눈을 뜨고, 앞에 있는 하얀 종이를 바라보세요.

이 종이는 여러분만의 만다라를 그리고,

색을 채울 수 있는 아주 특별한 공간이에요.

만다라는 나의 깊은 마음을 담아내는 그림이에요.

3. 원 그리기

종이에 먼저 둥근 원을 그리게 합니다.

오늘은 만다라를 그려볼 거에요.

만다라는 동그라미 안에 여러 가지 무늬와 그림을 마음껏 그릴 수 있어요.

먼저 큰 동그라미를 하나 천천히 그려볼까요?

4. 만다라 그리기

동그라미 안에 마음 가는 대로 선, 모양, 무늬를 그리게 합니다.

자신의 만다라 마음대로 그리기

원 안을 가만히 바라보며, 여러분의 마음이 어디로 가고 싶은지 느껴보세요.

이제 원 안에 여러분이 좋아하는 선, 모양, 무늬를 천천히 그려보세요.

많이 고민하지 않아도 돼요.

마음이 이끄는 대로 손이 움직이는 대로 자유롭게 그리면 돼요.

작은 동그라미, 삼각형, 별, 하트, 물결 또는 특별한 무늬를 그릴 수도 있어요.

여러분이 좋아하는 색깔로 색칠도 천천히 해보세요.

내가 지금 어떤 기분인지, 어떤 색을 쓰고 싶은지를 마음속으로 묻고,

그 느낌을 따라 색연필이나 크레파스로 천천히 아름답게 채워봅니다.

5. 만다라의 의미

만다라의 의미를 느끼도록 유도합니다.

나의 만다라 안에서는 틀리거나 잘못된 것이 없어요.

누구에게 칭찬받기 위해서도, 잘 보이기 위해서도 아니에요.

내가 좋아서, 마음이 편안해져서 그리는 것이 제일 중요해요.

천천히, 내가 그리고 싶은 걸, 그리고 싶은 색으로

마음이 가는 대로 자유롭게 그리고 색을 채워주세요.

지금 이 순간, 내가 만다라 위에 만들어내는

모든 색과 모양이 내 마음을 담고 있다는 걸 느껴보아요.

지금, 아이와 시작하는 통합명상

6. 마무리

나만의 만다라 그리기를 마무리하면서 어린이들의 그림과 감정을 지지해 줍니다.

여러분 모두 너무 멋지게 만다라를 그렸어요!

자신의 만다라를 보면서 그 아름다움과 다양함을 느껴봐요.

7. 감상 느낌 나누기

만다라를 다 함께 감상하면서 느낌을 나눕니다.

나만의 만다라는 정말 아름다워요. 세상에서 오직 하나뿐인 나만의 만다라예요.

이 세상에 나와 똑같은 사람이 존재하지 않는 것처럼,

내 마음이 담긴 만다라도 이 세상에 하나뿐이에요.

각자 만다라를 그리고 바라본 느낌을 이야기해 볼까요?

나의 만다라를 보면서 무슨 생각이 드나요?

만다라를 그릴 때 어떤 느낌이나 생각이 들었나요?

자신의 만다라 마음대로 그리기

지도 팁

- 정답이 없는 자유로운 활동이니, 결과보다 과정을 즐기는 자세가 중요합니다.

- 만다라를 그리고 있는 그 순간의 움직임과 느낌에 집중하도록 유도해 주세요.

- 아이가 그린 만다라를 평가하지 않고 존중하며 지지합니다.

- 자신만의 만다라를 완성하고 이를 바라보며 성취감 등의 느낌을 갖도록 유도합니다.

5.

이미지 명상

이미지 명상은 마음의 심상에 주의를 집중하고 느끼는 명상입니다. 이미지와 심상은 명상의 중요한 방법입니다. 편안한 자세로 눈을 감고, 해변이나 숲과 같은 평화로운 장면을 생생하게 상상하면 긴장이 완화되고 스트레스가 줄어듭니다. 이미지 명상을 통하여 몸과 마음의 힐링과 이완을 체험할 수 있습니다. 집중력 향상과 함께 불안과 우울을 완화하는 효과도 기대할 수 있습니다.

어린이 명상에서 이미지 명상은 매우 효과적인 명상입니다. 어린이들은 세상을 직접 경험하는 것 못지않게, 상상과 이미지를 자유롭게 떠올리며 생각과 감정을 표현하는 능력이 뛰어납니다. 예쁜 꽃, 푸른 숲, 평화로운 바다 같은 이미지를 떠올리게 하면, 어린이들의 마음이 차분해지고 스트레스나 불안이 사라질 수 있습니다. 이미지 명상을 통해서 어린이들은 스트레스 해소와 부정적 감정의 치유의 효과를 볼 수 있습니다. 또한 주의 집중력과 감수성, 긍정적 정서를 향상할 수 있습니다. 이미지 명상에서는 마음의 상상과 함께 느낌을 갖도록 유도하는 것이 중요합니다.

● 마음으로 그리는 꽃 명상

마음으로 그리는 꽃 명상은 아이가 마음속에 꽃을 떠올리거나, 꽃 그림을 집중하여 관찰하면서 편안함과 아름다움을 느끼는 명상입니다. 꽃의 모양, 색깔, 자세한 부분을 관찰하거나 상상하는 동안, 한 가지 대상에 오래 집중할 수 있어 주의 집중력이 향상됩니다. 꽃이 피어나는 이미지와 자신의 성장을 연결하면서, 스스로에 대한 긍정적 인식이 커집니다. 평소에 겪는 긴장, 불안, 짜증 등도 자연스럽게 완화됩니다. 스트레스를 경감하고, 부정적인 감정을 완화하는 데 도움을 줍니다.

마음으로 그리는 꽃 명상

▫ **대상 연령:** 전 연령

▫ **기대 효과**

1. 정서적 안정 및 심리적 치유

2. 집중력 및 주의력 향상

3. 창의력 및 상상력 발달

4. 자기 치유 및 자기 긍정 강화

5. 마음챙김과 휴식 효과

▫ **지도 중점**

1. 어린이들이 이미지를 잘 떠올릴 수 있도록 구체적으로 유도합니다.

2. 꽃의 따뜻하고 아름다운 이미지와 느낌을 갖도록 유도합니다.

▫ **명상 안내**

1. 시작하기

편안하게 앉게 하고, 호흡을 3회 유도합니다.

마음으로 그리는 꽃 명상

모두 편하게 앉아볼까요?

두 손은 무릎 위에 올리고, 눈을 살짝 감아주세요.

천천히 숨을 들이마시고, 내쉬고,

숨을 들이마시고, 천천히 내쉬어요. 한 번 더 들이마시고 내쉬어요.

2. 꽃의 이미지 떠올리기

꽃의 이미지를 떠올리고 느끼도록 유도합니다.

이제, 우리 마음속에 아주 예쁜 꽃 한 송이가 피어난다고 상상해 봐요.

여러분이 좋아하는 꽃이 있나요? 보고 싶은 꽃도 좋아요.

이제 마음속으로 꽃 한 송이를 상상해 봐요.

그 꽃은 어떤 색인가요? 어떤 모양인지 잘 살펴보아요.

꽃잎은 어떻게 생겼나요? 한 장 한 장 꽃잎을 자세히 바라보아요.

꽃향기도 맡아볼까요? 어떤 냄새가 나는지 느껴봅니다.

잘 보이지 않더라도 괜찮아요. 그렇다고 생각만 해도 돼요.

3. 꽃과 나를 느끼기

꽃과 함께 있는 자신의 모습을 떠올리게 합니다.

이제, 그 꽃 옆에 내가 앉아 있다고 상상해 봐요.

꽃을 바라보며 깊게 숨을 들이쉬고,

내쉴 때마다 마음이 점점 고요하고 편안해지는 것을 느껴봐요.

내가 숨을 깊이 들이쉬면 그 꽃의 향기와 함께 좋은 기분이 느껴져요.

혹시 요즘 속상한 일이 있었다면, 그 마음을 꽃에게 살짝 말해 봐요.

꽃이 그 속상한 마음을 따뜻하게 위로하고 감싸주는 걸 느껴봐요.

꽃 앞에서 나는 아주 소중하고, 아름다운 사람이라는 걸 느껴요.

4. 마무리

다시 한 번 꽃을 느끼면서, 호흡을 유도합니다.

천천히 나만의 꽃을 느끼며, 숨을 들이마시고, 천천히 내쉬어요.

꽃의 아름다움을 마음에 담아두는 느낌을 가져봐요.

이제 눈을 천천히 뜨고, 몸도 천천히 움직여요.

5. 느낌 나누기

천천히 눈을 뜨고 느낌을 나누는 시간을 가집니다.

마음으로 그리는 꽃 명상

꽃을 떠올리고 마음에 담아두는 명상을 하며 어떤 느낌이나 생각이 들었나요?

같이 나누어 볼까요?

지도 팁

- 꽃의 개수, 색, 향기, 느낌 등을 구체적으로 유도하면서 상상하게 합니다.
- 실제 꽃을 관찰하거나, 꽃 사진과 그림 등을 활용하는 것도 효과적입니다.
- 아이가 스트레스를 많이 받거나 마음이 불안정할 때, 꽃 이미지 명상을 도입해 보는 것
  이 도움이 될 수 있습니다.
- 정기적으로 짧은 시간이라도 실천하면 점진적으로 긍정적 변화를 경험할 수 있습니다.

지금, 아이와 시작하는 통합명상

● 깊은 숨이 안내하는 마음 숲길 명상

마음 숲길 명상은 마음속으로 푸른 숲, 나무, 풀, 바람 소리 등 자연의 모습을 떠올리며 하는 심상 명상입니다. 힘들거나 지쳤을 때, 숲의 이미지를 떠올리며 힐링하는 명상으로 효과가 있습니다. 숲은 치유나 휴식의 이미지를 갖기 때문에 상상만으로도 마음의 힘이 길러집니다. 숲 이미지는 뇌와 몸을 이완하고, 실제로 혈압을 낮추는 효과가 있을 수 있습니다. 초록색과 자연 이미지는 본능적으로 마음을 안정시키는 효과가 있습니다. 숲의 다양한 소리, 빛깔, 느낌을 상상하면 한 가지 대상에 꾸준히 주의를 기울이는 집중력과 관찰력이 향상됩니다.

깊은 숨이 안내하는 마음 숲길 명상

□ **대상 연령:** 전 연령

□ **기대 효과**

1. 정서적 안정 및 스트레스 감소

2. 집중력과 관찰력 향상

3. 회복 탄력성과 자기 위로 능력

4. 심신의 이완 및 휴식

깊은 숨이 안내하는 마음 숲길 명상

□ **지도 중점**

1. 어린이들이 이미지를 잘 떠올릴 수 있도록 구체적으로 유도합니다.

2. 숲의 생명 에너지를 느끼고 고요한 에너지와 심상을 갖도록 유도합니다.

□ **명상 안내**

1. 시작하기

편안하게 앉아서 호흡을 3회 유도합니다.

> 모두 조용히 자리에 앉아서 두 눈을 살며시 감아볼까요?
>
> 손은 무릎 위에 올리고, 크게 한 번 숨을 들이마시고 내쉬어요.
>
> 숨이 들어오고 나가는 것에 집중해 봅니다.
>
> 한 번 더 들이마시고 내쉬고, 다시 들이마시고 내쉽니다.

2. 숲의 이미지

숲의 이미지를 떠올리도록 유도합니다.

깊은 숨이 안내하는 마음 숲길 명상

이제, 우리 마음속으로 멋진 숲속 여행을 떠나볼 거예요.

내 마음속 숲길의 안내자는 여러분의 호흡이 될 거예요!

천천히 숨을 들이쉬고, 내쉬면서 초록색 나무들이 가득한 숲을 상상해 봐요.

햇살이 나뭇잎 사이로 조용히 비추고 있어요.

숲속에는 어떤 소리가 들릴까요?

새들이 지저귀는 소리, 바람에 나뭇잎이 살랑이는 소리도 들어보세요.

3. 숲을 걸어가는 느낌

숲을 걸어가는 상상을 하고, 그 감각을 느끼도록 유도합니다.

울창한 나무들과 부드러운 흙길을 천천히 걸어가고 있는 것을 상상해 봐요.

발밑에 푹신한 흙이 느껴지고, 풀잎 냄새도 코끝에 스며듭니다.

4. 숲의 에너지 느낌

숲에 앉아서 숲의 에너지로 편안한 마음을 갖도록 유도합니다.

숲 한가운데, 큰 나무가 있어요. 우리 그 아래에 앉아볼까요?

큰 나무 기둥에 등을 붙이고 앉으면, 시원한 바람이 나를 감싸주고,

숲의 에너지가 나를 꼭 안아주는 것처럼 편안해져요.

혹시 마음이 답답하거나, 걱정되는 게 있다면,

숲 바람이 살랑살랑 가져가 버린다고 상상해 봐요.

푸른 숲이 내 마음까지 깨끗하게 씻어주는 거예요.

숲속에서 나는 정말 소중하고, 자연이 나를 지켜준다는 상상을 해봐요.

5. 마무리

숲의 에너지를 느끼면서 호흡으로 마무리합니다.

이제 천천히 숨을 깊게 들이마시고 내쉬어봐요.

숲의 고요함과 평화로움을 마음속으로 느껴봐요.

숲의 좋은 기운과 에너지가 내 몸과 마음에 가득한 것을 느껴봐요.

6. 느낌과 생각 나누기

눈을 뜨고 느낌과 생각을 나눕니다.

이제 천천히 눈을 뜨세요. 숲 명상에서 느꼈던 느낌과 생각을 나누어 볼게요.

숲길을 상상하는 느낌이 어땠어요?

마음이 편안해졌나요?

혹시 마음이 답답할 때, 조용히 앉아서 숲길을 걷는 상상을 마음으로 해봐요.

마음이 편안하고 시원해질 거예요.

깊은 숨이 안내하는 마음 숲길 명상

지도 팁

– 실제 숲이나 공원 산책과 연계하면 효과가 더 커질 수 있습니다.

– 숲의 그림이나 사진 등을 활용해도 좋습니다.

– 편안하고 즐겁게 진행합니다.

● 넓고 넓은 바다 마음 명상

바다 이미지 명상은 바다 소리, 파도, 푸른 색감 등 바다와 관련된 이미지를 상상하는 심상 명상입니다. 자연과 관련된 명상은 스트레스 호르몬(코르티솔) 수치를 낮추는 데 도움이 된다는 연구들이 있습니다. 바다의 부드러운 이미지와 소리는 어린이의 불안과 긴장을 줄이고, 마음을 평온하게 해줍니다. 집중력과 상상력 등을 향상시킵니다.

넓고 넓은 바다 마음 명상

□ **대상 연령:** 전 연령

□ **기대 효과**

1. 스트레스 감소 및 심리적 안정

2. 집중력과 창의력 향상

3. 정서 조절 및 자기 인식 증진

4. 수면 개선

넓고 넓은 바다 마음 명상

□ **지도 중점**

1. 어린이들이 이미지를 잘 떠올릴 수 있도록 구체적으로 유도합니다.

2. 바다의 넓고 시원한 에너지와 느낌을 느끼도록 유도합니다.

□ **명상 안내**

1. 시작하기

자리에 앉아서 호흡을 3회 합니다.

편하게 앉으세요. 두 손은 무릎 위에 올리고, 눈을 살짝 감아요.

깊게 한 번 숨을 들이마시고 내쉬어요.

다시 한 번 들이마시고 내쉬고, 한 번 더 들이마시고 내쉬어요.

2. 바다의 이미지

바다를 상상하고 이미지를 떠올리게 합니다.

이제, 우리 마음속에 넓은 바다를 떠올려볼 거예요.

마음으로 상상해 봐요. 잘 안 되더라도 괜찮아요. 생각만 해도 돼요.

끝없이 펼쳐진 푸른 바다와 고운 모래사장이 보여요.

잔잔한 바닷물이 촉촉하게 모래를 적시고, 햇살이 반짝반짝 모래 위에 내려앉아요.

3. 바다의 감각 느낌

바다에서 느끼는 감각을 유도합니다.

바다에서 들리는 소리에 집중해 봐요.

파도가 '출렁출렁' 소리를 내며 바위에 부딪히고,

바닷바람이 '살랑살랑' 얼굴을 간질여요.

멀리서 갈매기 소리도 들려올 거예요. 이 소리를 귀로 듣는다고 생각해 봐요.

모래사장을 맨발로 걸으면서 발가락 사이에

시원한 모래가 닿는 느낌도 상상해 봐요.

시원한 바닷물에 발을 담가보아요. 바닷물이 시원해서 기분이 좋아집니다.

4. 바다의 마음 느낌

바다의 느낌을 마음으로 받아들이도록 유도합니다.

혹시 마음이 답답하거나 슬픈 일이 있다면,

파도가 그 마음을 부드럽게 가져가 준다고 상상해요.

바다가 내 걱정과 속상한 마음을 모두 받아주고,

내 마음에 기분 좋은 바람과 시원함을 선물해 줘요.

이제 바다의 기운을 한 번 더 크게 들이마시고 천천히 내쉬어요.

오늘 바닷가에서 느낀 평화롭고 행복한 마음을 마음속에 담아둡니다.

지금, 아이와 시작하는 통합명상

5. 마무리

천천히 눈을 뜨고 마무리합니다.

이제 천천히 눈을 뜨고, 천천히 몸을 움직여봐요.

6. 느낌과 생각 나누기

느낌과 생각을 나눕니다.

바다 명상의 느낌과 생각을 같이 나누어볼까요?

바다를 상상하니까 기분이 어떠한가요?

소리나 감각이 잘 느껴졌어요?

마음이 시원해졌나요?

지도 팁

– 이미지 명상은 감수성이 뛰어난 어린이에게 효과가 좋습니다.

– 아이의 연령과 기질에 따라 무리하지 않게 진행합니다.

– 잘 못 느끼더라도 편안하게 생각하도록 유도합니다.

– 짧은 시간(5분 이하)부터 시작하는 것이 좋습니다.

6.

놀이 호흡 명상

놀이 호흡 명상은 쉽고 재미있게 호흡 명상을 할 수 있는 명상입니다. 놀이 요소를 결합하면, 전통적인 명상을 지루하거나 어렵게 느끼는 아이들도 보다 쉽고 재미있게 명상을 경험하게 할 수 있습니다. 풍선 호흡 명상, 나무 호흡 명상 등 상상력을 동원해 더 쉽게 호흡 명상을 하도록 합니다. 이를 통해 아이는 집중력이 향상되고 정서적인 안정을 얻을 수 있습니다. 이러한 명상은 3~5분 정도 짧고 반복적으로 실시하는 것이 효과가 좋습니다.

지금, 아이와 시작하는 통합명상

● 풍선 호흡 명상

풍선 호흡 명상은 풍선의 모습을 상상하며, 배로 들이마시고 내쉬는 호흡 명상입니다. 쉽게 따라할 수 있고 재미있게 느낄 수 있어 어린이 명상에 자주 활용됩니다. 호흡을 풍선에 비유하여 하는 명상은 불안, 화, 슬픔 등 강한 감정을 가라앉히는 데 도움이 됩니다. 감정이 격할 때 풍선 호흡을 떠올리면 진정하는 데 도움이 됩니다. 호흡에 집중하면 집중력이 좋아지고 정서적 안정을 가져올 수 있습니다.

풍선 호흡 명상

□ **대상 연령:** 저학년

□ **기대 효과**

1. 신체적 이완 및 긴장 완화

2. 집중력과 자기 통제력 증진

3. 정서적 안정감 및 자신감

4. 쉽고 즐거운 명상 습관 형성

풍선 호흡 명상

□ **지도 중점**

1. 호흡을 풍선에 비유하여 놀이처럼 재미있게 할 수 있도록 유도합니다.

2. 호흡을 배로 느끼며 감각에 깨어 있도록 합니다.

3. 숨을 들이마시고 내쉴 때 너무 힘을 주지 않도록 합니다.

□ **명상 안내**

1. 시작하기

명상 자세를 편하게 취하도록 합니다.

    편안하게 앉아봐요. 등을 곧게 펴고, 손은 무릎 위에 자연스럽게 올려놓아요.

    눈을 감아도 좋고, 앞을 편안하게 바라봐도 괜찮아요.

2. 들이마시는 숨

풍선 호흡 명상을 간단히 설명하고 숨을 들이마시도록 유도합니다.

    이제 풍선 호흡 명상을 해볼 거예요. 손을 배 위에 올려놓아 봐요.

    코로 천천히 숨을 들이마시면서 배가 풍선처럼 부풀어 오르게 해 봐요.

    너무 세게 안 해도 돼요. 배가 조금만 부풀어 올라도 돼요.

    손으로 느끼면서 '내 배가 불어나는구나'라고 속으로 생각해 봐요.

지금, 아이와 시작하는 통합명상

3. 내쉬는 숨

내쉬는 숨을 유도합니다.

> 이번에는 숨을 천천히 내쉬며, 배가 다시 작아지는 것을 느껴봐요.
>
> 풍선이 천천히 바람이 빠지듯, 내 배도 처음 크기로 돌아가는 것을 느껴요.
>
> 손으로 느끼면서 '내 배가 작아지는구나'라고 속으로 생각해 봐요.
>
> 몸과 마음이 점점 더 편안해지는 것을 느껴봐요.

4. 마무리

호흡을 2~3회 반복합니다.

> 숨을 쉬면서 배가 나오고, 천천히 배가 들어가고,
>
> 다시 한 번 배가 나오고, 천천히 들어가는 것을 느껴봐요.
>
> 풍선이 커졌다 작아졌다 하는 모습을 상상해 봐요.
>
> 편안하게 숨을 한 번 들이마시고 내쉬어요.
>
> 눈을 뜨고, 몸을 천천히 움직입니다. 몸과 마음이 편안해졌나요?

5. 느낌과 생각 나누기

느낌과 생각을 나눕니다.

> 풍선 호흡 명상을 한 느낌이 어때요?
>
> 한번 이야기해 볼까요?

지도 팁

– 재미있고 쉽게 할 수 있어서 아이들이 호흡 명상을 습관화하는 데 도움이 됩니다.

– 가족이나 친구와 함께 놀이 형태로 하면 좋습니다.

● 나무 호흡 명상

나무 호흡 명상은 자신을 튼튼하게 뿌리를 내린 나무에 빗대어 상상하며 호흡하는 명상입니다. 들이마시는 숨을 뿌리가 깊어지는 느낌, 내쉬는 숨을 나뭇가지가 하늘과 연결되는 느낌으로 상상합니다. 자신을 단단하고 건강한 나무처럼 느끼면서 자기 신뢰와 자존감이 높아질 수 있습니다. 감정이 흔들릴 때 땅에 단단히 뿌리내린 나무를 떠올리며 호흡하면, 감정의 진정과 정서적 안정을 경험할 수 있습니다. 자연스러운 호흡과 몸의 감각에 집중하게 되어 불안감이나 초조함이 줄어듭니다.

나무 호흡 명상

□ **대상 연령: 전 연령**

□ **기대 효과**

1. 몸과 마음의 이완과 힐링

2. 자존감 및 자기 인식 증진

3. 집중력, 상상력 및 창의력 향상

4. 감정 조절 및 진정 효과

5. 명상에 대한 긍정적 경험

나무 호흡 명상

□ **지도 중점**

1. 어린이들이 큰 나무가 된 것처럼 안정감과 평온함을 느끼도록 유도합니다.

□ **명상 안내**

1. 시작하기

자리에 편하게 앉게 합니다.

> 편하게 자리에 앉으세요.
>
> 등이 곧게 펴진 자세로 두 손은 무릎 위에 가볍게 올려놓아요.
>
> 눈을 감고 몸과 마음의 긴장을 풀고 편하게 앉아요.

2. 나무의 이미지

자신이 나무가 된 상상을 하도록 유도합니다.

> 눈을 감고 마음속으로 내가 푸르고 튼튼한 나무가 되었다고 상상해요.
>
> 나는 커다란 나무입니다!
>
> 내 두 발은 땅에 깊이 뻗은 뿌리, 나의 몸은 나무의 몸통이 되었어요.
>
> 나는 흔들림이 없는, 당당한 나무가 되었어요. 나무가 된 나를 느껴보세요.

나무 호흡 명상

3. 나무의 호흡

나무로서 호흡하는 느낌을 유도합니다.

> 먼저 코로 천천히 깊게 숨을 들이마십니다.
> 이때 신선한 공기가 나뭇잎을 통해 몸통 전체로 들어오는 것을 상상해요.
> 내 얼굴 전체는 큰 나뭇잎이 되어 맑은 숨을 깊이 들이마셔 봅니다.
> 숨을 내쉴 때는 머리끝부터 뿌리까지 땅속으로
> 천천히 숨이 빠져나간다고 상상하고 느껴봐요.
> 숨이 나갈 때, 마음의 걱정이나 불편한 감정, 스트레스 등이 땅속으로 흘러 들어가
> 사라진다고 상상하고 느껴봐요.

4. 나무의 마음

나무의 마음이 되어, 나의 감정을 다스리도록 유도합니다.

> 숨을 마실 때 신선한 공기가 뿌리를 통해 몸 전체로 들어옵니다.
> 숨이 나갈 때 마음의 걱정이나 불편한 감정,
> 스트레스 등이 땅속으로 흘러 들어가 사라집니다.
> 한 번 더 깊게 들이마시고, 천천히 내쉽니다.
> 나는 큰 나무처럼 당당하고 침착합니다. 나는 당당한 나무처럼 중심이 튼튼합니다.

5. 마무리

눈을 뜨고 천천히 움직입니다.

이제 천천히 눈을 뜨고 몸을 움직이세요.

6. 느낌과 생각을 나누기

느낌과 생각을 나누는 시간을 가집니다.

이제 느낌과 생각을 나누도록 해요.

지도 팁

- 나무의 뿌리, 줄기, 가지 등 다양한 형상과 감각을 떠올리게 유도합니다.
- 자신이 땅에 단단히 뿌리내린 나무가 된다고 상상함으로써 안정감과 든든함을 느끼게 유도합니다.

● 멈춤, 그리고 호흡 느끼기
─────────────

그대로 멈춰라 놀이에 호흡을 도입한 명상입니다. 어린이들이 자유롭게 움직이다가 신호에 맞춰 멈춘 자세를 유지하면서, 자신의 호흡과 몸을 느끼고 집중하도록 하는 명상입니다. 놀이의 형식을 빌려 자연스럽게 멈춤, 호흡, 자기 관찰을 경험할 수 있습니다. 멈춤 신호에 집중해야 하므로 주의력을 기를 수 있고 멈추면서 현재 자신의 몸과 느낌에 집중할 수 있습니다. 멈춘 자세에서 자신의 호흡, 심장 소리, 몸의 감각을 느끼는 경험이 집중력과 자각의 힘을 키워줍니다.

멈춤, 그리고 호흡 느끼기 (그대로 멈춰라)

□ **대상 연령:** 전 연령

□ **기대 효과**

1. 자기 조절 능력과 충동 통제 능력 향상

2. 집중력과 주의력 개선

3. 감정 및 신체 인식 능력 강화

4. 스트레스 해소 및 심리적 안정

5. 명상에 대한 긍정적 태도와 재미 유발

멈춤, 그리고 호흡 느끼기 (그대로 멈춰라)

☐ **준비물:** 신호 도구

☐ **지도 중점**

1. 멈추었을 때, 호흡을 느끼고 내면에 집중하도록 유도합니다.

2. 일상에서도 잠시 멈춤, 자각 통찰, 호흡 등을 연습할 수 있도록 유도합니다.

3. 어린이들이 자유롭게 움직일 수 있는 공간에서 진행합니다.

4. 너무 거칠게 뛰어다니지 않도록 자연스럽게 유도합니다.

☐ **명상 안내**

1. 시작하기

명상에 대하여 설명합니다. 천천히 걷게 하다가, 신호를 주면 자유롭게 돌아다니게 합니다.

> 그대로 멈춰라 놀이 명상을 할 거예요.
>
> 선생님이 신호를 주면 자유롭게 천천히 돌아다니다가
>
> '그대로 멈춰라.'하고 신호를 하면, 그 자리에서 그대로 멈추는 거예요.
>
> 이때 몸이 흔들리거나 소리를 내지 않도록 하고,
>
> 움직임이 완전히 멈추는 것에 집중해야 해요. 그리고 몸을 느껴보는 거예요.

멈춤, 그리고 호흡 느끼기 (그대로 멈춰라)

2. 멈추고, 몸 느끼기

자유롭게 돌아다니다가 '그대로 멈춰라.' 신호를 줍니다.

완전히 멈추고 움직이지 않는 것을 유도하세요.

> 이제 '그대로 멈춰라.' 하고 신호를 하면,
>
> 그 자리에서 그대로 멈추고 움직이지 마세요.
>
> '그대로 멈춰라!'
>
> 움직이지 않고, 멈추어 있는 몸을 느껴봐요.
>
> 먼저 숨을 느껴봐요. 심장 소리도 들어봐요. 움직이지 않는 몸도 느껴봐요.

3. 호흡 명상

멈춘 상태에서 호흡 명상을 1~2회 유도합니다.

> 이제 눈을 감은 다음 숨을 천천히 들이쉬고 내쉬어볼까요?
>
> 천천히 들이마시고, 내쉬어요.
>
> 내가 지금 나무가 된 것처럼, 움직이지 않고 호흡에만 집중해 봐요.
>
> 다시 한 번 들이마시고 내쉬어요.

4. 다시 멈추고, 호흡 명상

다시 몸을 풀고 자유롭게 움직이다가 멈추고, 호흡 명상을 유도합니다.

> 이제 다시 자유롭게 움직이세요.
>
> '그대로 멈춰라.' 멈추세요.
>
> 멈춘 채로 눈을 감고 호흡에 집중합니다.
>
> 들이마시고, 내쉬고, 호흡을 느껴봐요.

5. 반복

시간을 두고 과정을 여러 번 반복합니다.

6. 마무리

자리에 앉게 하고 호흡을 1~2회 유도한 후, 마무리합니다.

> 자, 이제 자리에 앉으세요. 눈을 감고 천천히 호흡을 해 봅니다.
>
> 들이마시고 내쉬고, 들이마시고 내쉬고,
>
> 이제 눈을 뜨세요.

지금, 아이와 시작하는 통합명상

멈춤, 그리고 호흡 느끼기 (그대로 멈춰라)

7. 느낌과 생각 나누기

느낌과 생각을 나눕니다.

움직이다가 멈춘 상태에서, 몸을 느끼거나 호흡 명상을 할 때,

느낌이나 생각이 어땠나요?

막 움직이고 싶은 생각이 들었나요?

심장 소리를 들었어요? 몸이 느껴졌나요?

호흡은 어땠어요?

일상에서 생활할 때도, 잠시 멈추고 몸을 느끼고, 호흡을 느껴봐요.

마음이 고요해지는 것을 느낄 수 있을 거예요.

지도 팁

– 놀이 형태로 재미있게 진행합니다.

– 멈추었을 때, "지금 내 기분은 어떤가요?", "내 호흡은 어땠나요?", "내 몸 어디가 긴장 됐나요?" 하고 질문을 던지며 자연스럽게 관찰하도록 유도합니다.

– 반복할수록 일상 속에서도 스스로 멈추고 진정하는 힘을 키울 수 있습니다.

4부

감각 자각 명상

명상의 핵심은 '지금 이 순간 깨어 있음'입니다. 명상은 조용한 곳에 가만히 앉아서 하는 것만이 아닙니다. 일상의 삶에서 순간순간 행위와 감각에 깨어 있음이 명상이 될 수 있습니다. 따라서 일상의 모든 행동이 명상이 될 수 있습니다. 먹고, 걷고, 듣는 등의 일상적인 삶에서 그 행동과 감각에 깨어 있음이 명상이 됩니다. 감각에 깨어 있다는 것은 감각을 지각하는 것을 넘어, 자신이 지각하고 있는 것을 알아차리는 자각을 의미합니다.

어린이들에게 감각 자각의 힘은 매우 중요합니다. 감각 자각 명상은 어린이들에게 더욱 효과적인 명상이 될 수 있습니다. 감각 자각 명상 파트는 먹기, 걷기, 듣기, 놀이 등의 다양한 명상으로, 어린이들이 쉽고 재미있게 느끼고 실천할 수 있는 명상으로 구성되어 있습니다. 이러한 명상을 통하여, 감각 자각의 힘, 집중력, 감수성 등이 향상됩니다. 스트레스 해소에도 도움이 됩니다. 또한 공감, 경청, 명상 등은 어린이들의 관계 개선을 위한 공감의 리더십을 키워 줍니다.

지금, 아이와 시작하는 통합명상

1.

천천히 느끼며 먹기 명상

먹기 명상은 음식을 먹는 순간의 감각과 행위에 깨어 있는 명상입니다. 생각을 멈추고 먹는 행위에 온전히 집중함으로써, 지금 이 순간에 몰입할 수 있도록 합니다. 음식을 천천히 음미하며 먹는 과정에서 식재료의 향, 맛, 식감 등을 주의 깊게 관찰하게 됩니다. 오감의 감각을 느끼는 것을 자각함으로써 온전히 즐기는 식사를 할 수 있습니다. 천천히 음식을 씹고 느끼며 먹기 명상은 과식을 방지하는 데도 도움을 줍니다.

어린이 먹기 명상을 통해 정신적 안정과 함께 집중력, 감각 자각 능력, 유연성 등을 향상할 수 있습니다. 특별한 시간과 장소에 구애받지 않고 일상에서 실천할 수 있는 명상입니다. 식사뿐만 아니라 간식을 먹으면서도 할 수 있습니다. 가정에서도 부모님들과 함께 5분 먹기 명상을 실천한다면 어린이의 식습관 개선 뿐만 아니라, 집중력 향상에도 도움이 되는 좋은 명상이 될 수 있습니다. 짧은 시간이라도 오롯이 한 가지 행동에 집중하면서 마음이 차분해지고 안정되는 효과가 나타날 수 있습니다.

● 처음처럼, 먹기 명상

처음처럼, 먹기 명상은 건포도나 작은 간식 등을 생전 처음 만난 음식인 것처럼 관찰하고 오감으로 느끼는 명상입니다. 음식을 자세히 관찰하고, 냄새 맡고, 촉감과 맛을 천천히 음미하며 먹습니다. 어린이도 쉽게 경험할 수 있어 시각, 촉각, 후각, 미각 등 여러 감각을 세밀하게 느끼는 경험을 합니다. 미세한 감각에 주의를 기울이는 명상을 통하여 지금 이 순간에 집중하는 힘이 키워집니다. 평소 무심코 먹던 음식이 특별하게 느껴지며, 음식을 소중히 여기고 감사하는 마음이 자연스럽게 생깁니다.

지금, 아이와 시작하는 통합명상

처음처럼, 먹기 명상

□ **대상 연령:** 전 연령

□ **기대 효과**

1. 집중력 향상

2. 감각 자각의 힘 향상

3. 인내심과 정서 지능 향상

□ **준비물:** 작은 간식 (건포도, 과자, 견과류, 과일 등)

□ **지도 중점**

1. 한 번도 보지 못한 음식처럼 생각하도록 합니다.

2. 호기심을 가지고 음식을 대하도록 합니다.

3. 처음으로 보고 먹는 느낌으로 감각의 문을 활짝 열고 느껴보도록 유도합니다.

4. 열린 마음으로 자신의 느낌을 자유롭게 표현하도록 합니다.

5. 건포도가 아닌 다양한 음식으로 해보는 것도 좋습니다.

처음처럼, 먹기 명상

□ **명상 안내**

1. 시작하기

눈을 감고 편안하게 앉게 하고, 건포도 한 개를 손바닥 위에 놓아 줍니다.

자, 편안하게 앉아서 눈을 감고 손을 펴봐요.

이제 눈을 뜨고 손바닥 위에 놓인 것을 바라보세요.

그저 바라보기만 하세요. 가만히 바라만 봐주세요.

여러분들은 손에 놓인 물건이 뭔지 몰라요. 생전 처음 본 음식이에요.

2. 감각의 느낌

오감으로 느끼도록 유도합니다.

모양이 어떤가요?

이제 냄새를 맡아보세요. 냄새는 어떤가요?

귀를 대고 소리를 들어봐요. 무슨 소리가 들려요?

3. 입안의 감각

입안에서 감각을 느끼도록 유도합니다.

이제 입에 넣고 맛을 느껴봐요. 아직 씹지는 말고 입안에서 굴려봐요.

여러분의 입안에서 느껴지는 감각에 주의를 기울여보세요. 서두르지 마세요.

이제 맛을 알아차리면서 한 번만 씹으세요.

계속해서 맛이 어떻게 변하는지,

이와 혀가 어떻게 움직이는지를 알아차리면서 한 번에 한 번씩만 씹으세요.

빨리 씹고 싶은 마음이 일어나면, 그 생각을 알아차리고 기다려보세요.

여러분의 모든 주의를 씹고 맛보는 것에만 집중해 보세요.

아직 삼키지 마세요.

4. 목 넘김의 감각

목으로 넘기며, 감각을 느끼도록 유도합니다.

이제 천천히 삼켜 보아요.

그런 다음 음식이 목구멍을 따라 내려가는 것을 느껴보세요.

목에서 천천히 내려가는 감각을 느껴보세요.

지금 몸과 마음에 느껴지는 느낌에 주의를 기울여 보아요.

5. 느낌과 생각 나누기

눈을 뜨고, 먹기 명상을 통해 일어난 느낌과 생각을 나눕니다.

자, 이제 눈을 뜨세요. 어떤 느낌과 생각이 들었나요?

천천히 한 번에 한 입씩 씹으니 어땠나요?

먹기 명상을 하고 나서 달라진 생각이 있나요?

지도 팁

- 즐거운 마음으로 호기심을 갖도록 합니다.
- 빨리 먹고 싶은 마음을 알아차리고, 천천히 기다리는 마음을 갖도록 유도합니다.
- 처음에는 짧게, 천천히 각 단계(관찰-냄새-촉감-맛보기-씹기)를 안내하며 진행해 보세요.
- 사과, 방울토마토 등 다양한 간식으로도 응용할 수 있습니다.
- 건포도를 먹으며 어떤 감정이 들었는지, 맛이 어땠는지 등을 말로 표현하면서 자신의 느낌을 인식하고 표현하도록 합니다.

● 온 마음으로 느끼며, 먹기 명상

우리는 식사하면서도 스마트폰을 보거나, 다른 일을 할 때가 많습니다. 온 마음으로 느끼며, 먹기 명상은 오로지 먹는 것에 집중하고 오감으로 느끼는 명상입니다. 시각, 후각, 촉각, 미각, 청각 등의 오감을 순간순간 느끼며 식사합니다. 아이들이 먹기 명상을 하면서 천천히 먹게 되므로 식사 습관 개선에 도움이 됩니다. 온전히 느끼며 먹음으로 감각 자각의 힘과 집중력이 향상됩니다. 빨리 먹고 싶은 마음의 욕구와 감정 등을 자각함으로써 인내심과 감정 조절 능력이 향상됩니다. 가족이 함께 잠깐의 시간이라도 먹기 명상을 하면, 음식과 식사에 대한 새로운 통찰을 가질 수 있을 것입니다.

온 마음으로 느끼며, 먹기 명상

□ 대상 연령: 전 연령

□ 기대 효과

1. 집중력과 인내심 향상

2. 감각 발달 및 감수성 향상

3. 자기 통제의 힘 향상과 식사 습관 개선

4. 음식에 대해 감사하는 마음

온 마음으로 느끼며, 먹기 명상

□ **준비물:** 음식 (식사 시 접하는 다양한 음식)

□ **지도 중점**

1. 한 번에 한 입씩 천천히 먹도록 합니다.

2. 무심코 먹는 행위를 막고 느리게 먹으며, 감각을 느끼도록 합니다.

3. 음식을 먹으며 일어나는 자신의 몸과 마음의 반응을 관찰하도록 합니다.

   – 아무 생각 없이 먹는 게 아니라, 더 큰 알아차림을 가지고 먹도록 합니다.

   – 음식을 먹기 전과 후에 느낌이 어떻게 달라지는지 관찰하도록 합니다.

4. 지금 이 순간의 감각과 행위에 집중하는 느낌을 갖도록 합니다.

5. 먹기 명상을 마치고 느낌과 생각 등을 나눕니다.

□ **명상 안내**

1. 시작하기

음식을 먹기 전에 1회 호흡을 하게 하고, 음식을 바라보게 합니다.

자, 먹기 전에 숨을 한 번 크게 쉬어 볼게요. 천천히 들이마시고 내쉽니다.

이제 음식을 바로 먹지 않고 잠시 그대로 바라보세요.

어떤 음식이 있는지, 모양과 그릇 등을 살펴보세요.

온 마음으로 느끼며, 먹기 명상

좋아하는 음식일 수도, 안 좋아하는 음식일 수도 있어요.

최대한 처음 보는 음식인 것처럼 가만히 바라봐 주세요.

어떤 느낌이 들어요? 먹고 싶다는 생각이 드나요?

음식을 바라보며 일어나는 자신의 마음과 생각을 관찰해 보세요.

2. 입안의 감각

음식을 입에 넣고 천천히 씹으면서 감각을 느끼게 합니다.

음식을 입에 천천히 넣으세요.

아직 씹지 말고 입안에서 어떤 느낌이 있는지 느껴 보세요.

그리고 일어나는 반응을 관찰해 봐요.

입에 침이 많아졌나요? 음식이 입안에 닿는 느낌과 온도는 어땠나요?

이제 천천히 씹어보세요.

맛, 냄새, 입안의 감각 등을 느껴보세요.

그리고 생각이나 감정이 일어나는 것을 살펴보아요.

3. 목 안으로 넘김

천천히 삼키면서 목 안으로 음식이 넘어가는 느낌에 집중하게 합니다.

이제 음식을 천천히 삼키세요.

과정이 진행되는 동안 스스로 충분히 느끼고 생각하도록 개입 없이 기다려줍니다.

음식을 삼킬 때 목에서 어떤 느낌이 있었나요?

4. 천천히 먹음
한두 번 유도한 후에, 천천히 음식을 즐기면서 먹도록 합니다.

이제 편하게 자기만의 속도로 음식을 먹어요.
천천히 맛을 즐기면서 먹어봐요.

5. 마무리 후 느낌과 생각 나누기
식사가 끝난 후, 경험을 나누는 시간을 갖습니다.

먹기 명상을 하면서 식사하니 어떤가요?
그 전에 생각 없이 먹던 것하고 하나하나 느끼면서 먹는 것하고 어떻게 다른가요?
느낌이나 생각을 차례로 이야기해 볼까요?
천천히 느끼면서 먹으니 어떠했나요?

온 마음으로 느끼며, 먹기 명상

배고픈 느낌과 배부른 느낌은 어떻게 다른 것 같은가요?

예전에 배가 부른데도 먹은 적이 있었나요?

배가 고플 때면 기다리지 못하고 바로 음식을 먹었나요?

지도 팁

- 자신이 음식에 대해 느끼는 감정(맛, 냄새, 느낌 등)을 알아차리고 표현하도록 합니다.
- 음식을 먹는 과정을 소중히 여기고, 평소 당연하게 여겼던 것에 감사하는 마음을 갖도록 합니다.
- 짧은 시간(5분 내외)으로 시작해서 아이가 집중할 수 있도록 구체적으로 안내해 주세요.
- 다양한 음식으로 반복해서 시도해 보면 더욱 좋은 효과를 볼 수 있습니다.

2.

한 걸음 한 걸음
나를 느끼며 걷기 명상

한 걸음 한 걸음 나를 느끼며 걷기 명상은 몸의 감각을 자각하며 걷는 명상입니다. 발의 느낌, 호흡, 주변의 소리, 풍경 등 걷는 동안 느껴지는 감각을 자각합니다. 일상에서도 쉽게 실천할 수 있는 명상으로 감각 자각의 힘을 키워주고, 스트레스 해소에 도움이 됩니다. 우울감과 불안을 낮추는 데도 도움이 된다는 연구 결과가 있습니다.

걷기 명상은 앉아서 하는 정적인 명상보다 동적인 명상으로, 활동이 많은 어린이들에게도 좋은 명상입니다. 걷는 동안 몸의 감각에 집중하고 깨어 있으며 집중력, 감각 자각의 힘, 유연성 등을 향상할 수 있습니다. 어린이 스트레스 해소에도 좋은 효과가 있습니다. 또한 걷기를 통한 몸의 건강 효과도 얻을 수 있습니

지금, 아이와 시작하는 통합명상

다. 일상에서도 부모님이나 친구들과 함께 잠깐이라도 걷기 명상을 한다면 몸과 마음에 큰 도움이 됩니다.

● 이름 붙이며 걷기 명상

이름 붙이며 걷기 명상은 어린이가 천천히 걸으면서, 자신의 걸음이나 마주치는 사물, 또는 떠오르는 감각, 생각, 감정에 이름을 붙이는 명상입니다. 예를 들어 나무, 소리, 쌀쌀함, 답답함 등 감각, 생각, 감정을 알아차리고 이름을 붙입니다. 이름을 붙임으로 해서 감각 자각을 더욱 명료하게 합니다. 이름 붙이며 걷기 명상은 감각 자각의 힘과 집중력을 키우고, 감정과 생각을 명료하게 자각할 수 있는 힘도 키워줍니다.

이름 붙이며 걷기 명상

□ **대상 연령**: 고학년

□ **기대 효과**

1. 현재 순간의 감각 자각의 힘 향상

2. 스트레스 해소와 정서 안정

3. 생각과 감정에 대한 자각의 힘 향상

□ **지도 중점**

1. 발바닥의 느낌을 의식의 기준점으로 삼아 집중하며, 숫자나 이름을 붙이면서 걷도록 합니다.

2. 주변에 보이는 것, 들리는 것, 느끼는 감각 등에 속으로 이름을 붙이며 걷도록 합니다.

3. 좋다, 싫다는 생각이나 판단 없이 그냥 이름만 붙입니다.

4. 다양한 감각을 자각하고 이름 붙이고 나서 다시 발바닥의 기준점으로 돌아옵니다.

5. 실내 또는 야외에서 안전하게 걸을 수 있는 곳을 선택합니다.

지금, 아이와 시작하는 통합명상

이름 붙이며 걷기 명상

□ 명상 안내

1. 시작하기

걷기 전에 서서 호흡을 하며, 몸을 느낍니다.

이제 여러분이 보는 것, 느끼는 것에 마음으로 이름을 붙이며

걷기 명상을 해볼 거예요.

제자리에 서서 눈을 감고, 코로 천천히 숨을 들이마시고 천천히 내쉬어요.

들이마시고, 내쉬어요. 한 번 더 들이마시고, 내쉬어요.

이제 제자리에서 두 발이 땅에 닿는 느낌을 느껴봐요.

판단이나 해석 없이 그냥 느껴보는 거예요.

다리, 허리 등의 감각도 차례로 느껴보아요.

2. 기준점을 느끼며 걷기

천천히 걸으면서, 발바닥의 느낌을 기준점으로 느껴보게 합니다.

이제 눈을 뜨고, 천천히 걸어봅시다.

한 발이 바닥에 닿는 느낌을 천천히 느끼며 한 걸음씩 내딛어요.

너무 빠르지 않게, 천천히 걸을 거예요.

발바닥의 느낌에만 주의를 기울여 걸어봐요.

걸음마다 숫자를 붙여봐요. 왼발에 하나, 오른 발에 둘, 하나, 둘…

3. 소리를 인지하고 이름 붙이기

소리에 주의를 집중하고 이름을 붙이게 합니다.

이번에는 걸으면서 들려오는 소리를 들어봐요.

무슨 소리가 들리나요? 바닥을 긁는 운동화 소리, 낙엽 소리 등등.

그 소리에 나만의 이름을 붙여봐요. 어떤 이름이든 좋아요.

천천히 느끼면서 이름을 붙여봐요. 간단하게 '소리'라고 이름 붙여도 좋아요.

좋다, 싫다, 시끄럽다는 평가나 판단을 하지 않고

그저 소리에 이름만 붙이는 거예요.

4. 기준점으로 돌아오기

다시 발바닥의 기준점으로 돌아와서 숫자를 세면서 걷도록 합니다.

이제 다시 발바닥의 느낌에 집중해 봐요.

걸으면서 왼발에 하나, 오른발에 둘, 숫자를 붙이면서 걸어요. 하나, 둘, 하나, 둘…

5. 주변을 인지하고 이름 붙이기

주변을 둘러보고 보이는 것에 이름을 붙이게 합니다.

이번에는 걸으면서 주변을 둘러보아요.

무언가 보이면, 이번엔 짧게 이름 붙여보아요.

꽃, 시계, 파란 하늘 등 어떤 이름이든 괜찮아요. 그냥 '보임'이라고 붙여도 좋아요.

이번에도 판단하지 않고, 그냥 이름만 붙이는 거예요.

6. 기준점으로 돌아오기

다시 발바닥의 감각으로 돌아오게 합니다.

이제 다시 발바닥의 느낌에 집중해 봐요.

걸으면서 왼발에 하나, 오른발에 둘, 숫자를 붙이면서 걸어요. 하나, 둘, 하나, 둘…

생각이 다른 데로 가면, 다시 발바닥의 느낌으로 돌아와서 집중해 봐요.

7. 마무리

멈추어 서서 눈을 감고, 자신의 몸을 다시 느껴보며 마무리합니다.

자, 이제 멈추어서 눈을 감고, 내 몸을 느껴봐요. 공기, 바람 등도 느껴봐요.

이제 숨을 크게 한 번 들이마시고 내쉬어요. 눈을 뜨고 천천히 움직여봐요.

8. 느낌과 생각 나누기

모여 앉아서, 느낌과 생각을 나눕니다.

모두 모여서 둥글게 앉아 볼까요?

걸으면서 일어난 느낌과 생각을 같이 나누어볼까요?

어떤 느낌이 들었나요?

이름을 붙이니까 무엇이 느껴졌어요?

지도 팁

– 놀이처럼 재미있고 자연스럽게 진행하면 더 열린 경험을 할 수 있을 거예요.

– 이름은 아이들이 창의적이고 재미있게 붙이도록 합니다.

– 이름 붙이기를 어려워하는 아이들에게는 소리, 들림, 보임 등으로 단순하게 시작하도록 합니다.

– 자신의 감각과 느낌을 말이나 단어로 표현하면서 표현력과 공감 능력이 향상됩니다.

● 아슬아슬, 한 줄 걷기 명상

아슬아슬, 한 줄 걷기 명상은 바닥에 테이프, 실, 천 등으로 일직선을 만들어 놓고, 그 위를 천천히 걷는 걷기 명상입니다. 바닥의 선 또는 상상 속의 한 줄을 따라 엄지발가락에 집중하며 천천히 걷습니다. 천천히 걷는다, 선 위를 벗어나지 않는다는 조건이 아이의 주의를 현재로 이끌고, 움직임 속에서 오감을 자연스럽게 자각하도록 유도합니다. 천천히 걷는 몸의 감각에 집중하므로 집중력이 향상되고, 몸과 마음의 연결을 경험할 수 있습니다. 선 위를 걷는 과정에서 균형감각이 자극되고, 신체와 공간에 대한 인식 능력이 좋아집니다.

아슬아슬, 한 줄 걷기 명상

□ **대상 연령:** 전 연령

□ **기대 효과**

1. 집중력 강화와 현재 순간 인식
2. 자기 감각 자각 및 몸과 마음의 연결 경험
3. 자제력과 충동 조절 능력 향상
4. 신체 균형 감각 및 공간 인식 능력 향상

아슬아슬, 한 줄 걷기 명상

□ **준비물:** 테이프 또는 천

□ **지도 중점**

1. 한 줄 걷기 명상은 어린이들이 집중력과 신체 균형 감각을 기르는 명상입니다.

2. 먼저 바닥에 줄을 길게 붙이거나 실 혹은 줄넘기 줄을 곧게 놓아주세요.

3. 실내에서 할 경우 테이프나 천을 사용해도 좋고, 줄의 길이는 3~5미터 정도면 충분합니다.

4. 아이들은 맨발로 참여하거나 미끄럽지 않은 양말을 신도록 안내합니다.

5. 급하게 걸으려는 마음을 알아차리고 기다리는 마음을 연습하도록 유도합니다.

□ **명상 안내**

1. 시작하기

명상을 간단히 설명하고, 줄 위에 서게 합니다.

여러분, 모두 줄 앞에 가볍게 서주세요. 줄 위에서 걷기 명상을 함께 해볼 거예요.

명상이란 우리 몸과 마음을 차분하게 가라앉히고,

지금 내가 무엇을 하고 있는지 알아차리는 시간이에요.

줄 위를 천천히, 조심스럽게 걸으면서 내 발이 어떻게 움직이는지,

내 몸이 어떻게 균형을 잡는지 느껴볼 거예요.

지금, 아이와 시작하는 통합명상

2. 줄 위 걷기

호흡을 하고 천천히 걸으면서, 발과 발바닥의 느낌에 집중하도록 합니다.

앞을 부드럽게 바라보세요. 숨을 천천히 크게 들이쉬고, 내쉬어 보세요.

숨이 몸 안으로 들어갔다가 다시 나오는 것을 느껴봅시다.

이제 오른발을 줄 위에 내디뎌 봐요. 발바닥 감각에 집중해 보세요.

천천히, 줄 위를 걸으면서 나의 발이 어떻게 움직이는지 느껴보세요.

한 걸음 한 걸음 내디딜 때, 발이 줄을 어떻게 밟는지,

발바닥에 어떤 감각이 느껴지는지 느껴보세요.

어깨에 힘을 빼고, 천천히 숨을 쉬며 걷습니다.

3. 몸과 마음을 관찰

걸음에 집중하면서, 자신의 몸과 마음을 관찰하도록 유도합니다.

걸을 때마다 오른발, 왼발, 각각의 움직임을 느끼세요.

지금 내 몸이 하는 일, 걸어가는 것에만 온전히 집중해 보세요.

줄 밖으로 나가지 않도록 천천히 걸어요.

내 몸의 균형이 어떻게 바뀌는지 느껴봐요.

줄에서 조금 흔들려도 괜찮아요.

그저 '아! 내 몸이 흔들리는구나!' 하고 알아차리기만 하면 돼요.

걷는 동안 딴생각이 떠오르거나 균형을 잃어도 괜찮아요.

다시 숨을 깊게 쉬고, 걷고 있는 발의 느낌으로 돌아와 집중하면 되어요.

4. 멈추어서 몸을 느낌

멈추어 서서, 자신의 몸을 느끼게 합니다.

이제 그 자리에 멈추어서 조용히 눈을 감아봐요.

숨을 깊게 한 번 들이마시고 내쉬어요. 나의 숨소리를 조용히 들어보세요.

내 심장 소리도 한번 들어봐요.

5. 마무리

다 모이게 하여 마무리합니다.

자, 이제 눈을 뜨고 모두 모여 봐요. 모두 수고했어요.

이제 기지개를 켜고 몸의 긴장을 풀어주세요.

6. 느낌과 생각 나누기

자리에 앉아서 느낌과 생각을 나눕니다.

자리에 앉아보세요. 줄 위를 걸으면서 내 몸을 느껴보는 명상을 했어요.

균형 잡기도 어려웠을 테고, 많은 것을 느꼈을 거예요.

우리, 생각과 느낌을 같이 나누어 볼까요?

지도 팁

– 처음에는 3 ~5분 정도, 짧은 시간부터 시작하여 차차 늘려갑니다.

– 빨리 걷고 싶다는 충동을 알아차리고 기다리는 것을 느끼도록 유도하세요.

– 걷기라는 일상적 동작을 통해 명상이 자연스럽게 생활 속 습관이 될 수 있도록 합니다.

● 역할 연기하며, 걷기 명상

역할 연기하며, 걷기 명상은 아이가 동물, 사람(예: 할머니, 아기 등)이 되어 그처럼 걷는 상상을 하면서 천천히 걷는 명상입니다. 이때 걸음걸이, 표정, 속도, 몸의 움직임 등을 상상한 대상에 맞게 표현하며, 자신과 타인, 다양한 상황에 대한 인식과 감정을 자연스럽게 경험합니다. 자신이 맡은 역할에 온전히 집중하면서 걷기 때문에 집중력과 상상력이 향상됩니다. 상황에 맞는 다양한 걷기 동작과 속도를 시도하면서, 감각 자각의 힘과 신체 균형감 등이 향상됩니다. 자유롭게 표현하고, 놀이처럼 즐기면서 스트레스가 해소됩니다.

역할 연기하며, 걷기 명상

□ **대상 연령**: 전 연령

□ **기대 효과**

1. 집중력, 상상력, 창의력 향상

2. 공감 능력과 감수성 향상

3. 신체 감각 자각의 힘 향상

역할 연기하며, 걷기 명상

□ **지도 중점**

1. 역할 연기 걷기 명상은 걷기 명상에 상상력과 역할놀이 요소를 더한 명상입니다.

2. 실내나 야외에 넉넉한 공간을 마련해 줍니다.

3. 동물이나 상황 또는 인물(예: 기린, 고양이, 거북이, 아기, 로봇 등)을 하–씩 제시합니다.

　– '거북이는 아주 천천히 조심스럽게 걸어요.'

　– '고양이처럼 사뿐사뿐 조용히 걸어요.'

　– '로봇처럼 딱딱하게, 규칙적으로 움직이며 걸어볼까요?'

　– '비 오는 날, 우산을 쓰고 조심히 걷는 모습으로 걸어봐.'

4. 각각의 역할에 맞는 움직임을 짧게 서로 이야기 나누고 설명해 주세요.

□ **명상 안내**

1. 시작하기

역할(동물, 인물, 상황 등)을 연기하며 걷는 명상에 대하여 설명하여 줍니다.

여러분, 오늘은 재미있는 역할 연기 걷기 명상을 해볼 거예요.

명상은 조용히 앉아서만 하는 게 아니라 이렇게 몸을 움직이며 할 수도 있답니다.

지금부터 내가 거북이가 되었다고 상상하며 걸어볼 거예요.

상상 속에서 거북이가 된 나는 어떤 모습이고,

걸음걸이는 어떤지 떠올려보고 걷는 거예요.

먼저 조용히 눈을 감고, 내 마음속에서 거북이가 걷는 모습을 떠올려보세요.

2. 역할 연기하며 걷기

상상하는 역할의 동물을 연기하며 걷도록 합니다.

나는 지금 어떤 동물일까요?

그 동물은 어떻게 걷나요? 다리를 높게 들까요, 두 발을 쿵쿵 디딜까요,

아니면 살금살금 소리 없이 걸을까요?

이제 눈을 뜨고, 그 동물이 되어 걷기 시작할 거예요.

천천히 한 걸음씩 움직이며 걷는 느낌에 집중해 보세요.

내 몸이 어떻게 움직이고, 어떤 근육이 쓰이고,

어떻게 숨 쉬고 있는지 떠올리면서 걸어봐요.

중요한 건 내가 그 동물이 되어 움직인다는 상상과 몸의 느낌에 집중하는 거예요.

3. 몸과 마음의 관찰

걸으면서 자신의 몸과 마음을 관찰하도록 유도합니다.

역할 연기하며, 걷기 명상

지금 내 몸이 느끼는 감각, 내 숨소리, 발소리를 잘 들어보세요.

친구들은 어떻게 표현했을지 궁금하겠지만, 지금은 나의 걷기에만 집중하세요.

4. 멈춤의 느낌

걷다가 잠시 멈추고, 그 동물의 멈춘 자세를 느껴보게 합니다.

잠시 멈추고, 숨을 크게 들이마시고 내쉬며

내가 역할을 맡은 동물의 멈춘 자세를 느껴보세요.

내가 어떤 동물이었고, 어떻게 느꼈는지 조용히 생각해 보세요.

5. 마무리

각자 자리에 서서 본래의 자기로 돌아와서 천천히 숨을 쉬고 마무리합니다.

이제 모두 자리에 서서, 본래 내 몸을 느껴봐요.

어려웠나요? 동물이 되어 걷는 기분은 어땠나요?

6. 느낌과 생각 나누기

원래 자리로 돌아와 앉아서 호흡하고, 느낌과 생각을 나눕니다.

역할 연기하며, 걷기 명상

자리에 앉으세요. 편하게 앉아서 눈을 감고 숨을 한 번 크게 들이마시고 내쉬세요.

이제 눈을 뜨세요. 명상하면서 떠오른 느낌이나 생각을 같이 이야기해 볼까요?

동물이 되어 걸은 느낌이 어땠어요?

내가 동물에서 사람으로 돌아왔을 때는 몸의 느낌이 어떻게 달라졌나요?

지도 팁

- 짧은 시간(3~5분)씩 다양한 역할을 정해 번갈아 시도해 보세요.

- 타인의 입장에서 걷는다는 의미를 생각하고 느끼도록 유도합니다.

- 걷기 후 느낌과 생각 등 경험을 나누는 시간을 가지는 것이 좋습니다.

● 자연 걷기 명상

자연 걷기 명상은 어린이가 숲, 공원, 산책로 등 자연에서 천천히 걸으면서 오감(시각, 청각, 후각, 촉각, 미각)을 최대한 활용해 주변의 소리, 냄새, 감촉, 빛, 바람 등을 느끼는 명상입니다. 자동 반응으로 걷는 것이 아니라, 지금 여기의 감각에 주의를 기울이고 알아차리면서 걷습니다. 자연 환경에서 오는 신체적, 정신적 효과와 더불어 불안감이나 스트레스를 감소하는 데 도움을 줍니다. 걷기 자체가 건강에 이로울 뿐 아니라, 아이가 자신의 몸과 주변 환경어 주의를 집중함으로써 감각 자각의 힘이 세집니다.

자연 걷기 명상

□ **대상 연령:** 전 연령

□ **기대 효과**

1. 스트레스 해소 및 심리적 안정

2. 주의 집중력 향상

3. 감각 자각의 힘 향상

4. 운동 효과와 신체 건강 증진

5. 정서 안정과 긍정적 감정 함양

자연 걷기 명상

□ **지도 중점**

1. 단순히 걷는 것뿐 아니라, 다섯 가지 감각(시각, 청각, 촉각, 후각, 미각)을 하나하나 느끼며 알아차리는 데 중점을 둡니다.

2. 안전하고 자연이 풍부한 공간(공원, 숲, 들판 등)을 선택합니다.

3. 자연의 느낌과 함께 에너지도 느껴보도록 유도합니다.

□ **명상 안내**

1. 시작하기

자리에 서서, 명상에 대하여 설명합니다.

> 자, 자연 속에서 오감을 느끼며 걷기 명상을 해볼 거예요.
> 오감은 눈으로 보는 것, 귀로 듣는 것, 코로 냄새를 맡는 것, 입으로 맛을 보는 것,
> 그리고 손이나 피부로 만지는 것을 말해요.
> 이제 이 다섯 가지 감각을 모두 활짝 열고 자연을 천천히 걸어볼게요.

2. 눈으로 관찰 느낌

눈으로 보는 것에 집중하고, 관찰하여 느끼도록 합니다.

지금, 아이와 시작하는 통합명상

자연 걷기 명상

먼저, 내 앞에 펼쳐진 푸른 나무, 하늘, 잔디, 꽃들을 바라봐요.

우리 주변에 보이는 색과 모양을 찬찬히 관찰해 보세요.

혹시 평소에 못 봤던 작은 꽃이나 곤충이 있나요?

평소에 보지 못했던 작은 것들도 찾아보아요.

이제 제자리에 서서, 눈을 감고 조금 전까지 눈에 담겨 있던 것들을 떠올려봐요.

3. 귀로 관찰 느낌

다시 걷다가 잠시 멈추어 서서, 귀로 듣는 소리에 집중하고 느끼도록 합니다.

잠시 멈추어볼게요. 이제 눈을 감고 소리를 들어봐요.

어떤 소리가 들리나요?

새들의 지저귐, 바람이 나뭇잎을 스치는 소리,

멀리서 나는 사람 목소리 등을 차분히 들어보아요.

내 주변에서 들려오는 모든 소리에 귀를 기울여 보세요.

혹시 아주 작은 소리도 들리나요? 조용히 귀를 기울여 들어보세요.

4. 몸의 감각 느낌

다시 걸으면서 발바닥을 비롯한 몸의 감각을 느끼도록 합니다.

이제 다시 걸음을 천천히 옮겨볼게요.

한 걸음, 한 걸음, 바닥의 느낌을 발바닥으로 느껴보세요.

땅의 느낌, 돌의 느낌, 발이 땅에 닿는 느낌에 집중해서 느껴보세요.

이번에는 손으로 내 주변의 것을 조심스럽게 만져보세요.

나뭇잎을 만져볼 수도 있고, 풀이나 꽃을 살짝 손끝으로 느껴볼 수 있어요.

시원한 바람이 내 얼굴이나 팔에 닿는 것도 느껴보아요.

따뜻한 햇살이 내 몸에 머무는 느낌도 느껴봐요.

5. 코와 입의 느낌

코와 입으로 느껴지는 느낌에 집중해 봅니다.

잠깐 멈추어서 코로 깊게 숨을 들이마셔 봅니다.

바람을 타고 불어오는 향기, 흙 내음을 느껴보세요.

계절에 따라 다른 냄새가 난답니다.

지금 나는 어떤 냄새를 맡고 있나요?

코에 닿는 온도가 어떤가요?

조용히 코 안으로 느껴지는 감각을 느껴봅니다.

혹시 입안에 바람이 닿는 느낌이나, 미세한 자연의 맛이 느껴지나요?

6. 자연의 에너지

다시 걸으면서, 전체적인 자연의 느낌을 마음으로 느끼도록 유도합니다.

다시 천천히 움직이세요. 자연의 에너지를 마음으로 느껴봐요.

몸과 마음이 더 편안해진 것을 느껴봐요.

몸과 마음이 자연과 하나가 된 기분을 느껴봅니다.

7. 마무리

자리에 모여서 눈을 감고, 천천히 호흡하며 마무리합니다.

자, 이제 다 같이 모여봐요.

자리에 서서, 자연의 공기와 에너지를 마시는 마음으로

숨을 깊게 들이마시고 내쉬어요.

8. 느낌과 생각 나누기

모두 함께 원을 만들어 앉아, 오늘 느낀 점을 한 가지씩 나눕니다.

자, 자리에 앉으세요. 오늘 느낀 점을 한 가지씩 나누어 볼까요.

어떤 감각이 제일 재미있었나요? 무엇을 새롭게 발견했나요?

지도 팁

- 식물, 새소리, 공기 냄새, 발에 닿는 흙과 풀의 감각 등 오감을 집중하여 느끼도록 유도합니다.
- 짧은 시간(10~15분)부터 시작해, 주변 풍경, 소리, 냄새, 발에 닿는 느낌 등을 하나씩 느끼고 말하며 진행해 보세요.
- 명상 후 '어떤 것이 가장 기억에 남았는지' 등 아이와 감각을 나누는 대화를 하면 효과적입니다.

3.

몸과 마음의 대화, 몸 중심 명상

몸과 마음은 하나입니다. 우리의 몸과 마음은 끊임없이 서로 소통하고 있습니다. 마음이 불안하거나 스트레스를 받으면, 몸도 긴장하고 영향을 받습니다. 명상을 통해 마음의 평화를 얻으면 신체적 이완도 함께 일어납니다. 명상은 자율신경계를 조화롭게 하고, 부교감신경을 활성화하여 몸과 마음을 이완해 줍니다. 호흡은 마음을 진정시키고, 신체의 긴장을 풀어줍니다.

몸 중심 명상은 몸과 마음의 대화라고 할 수 있습니다. 몸과 마음의 대화는 몸과 마음에 건강을 가져옵니다. 몸 중심 명상은 마음으로 몸을 자각하는 명상입니다. 자각은 몸과 마음을 치유하는 효과가 있습니다. 어린이 몸 중심 명상은 몸의 감각을 자각하고, 이미지를 상상하고 느끼는 명상이라 효과가 좋습니다. 몸 중심 명상을 통하여 어린이들은 몸과 마음을 이완하고 스트레스를 해소할 수 있습니다. 또한 집중과 자각으로 집중력과 감수성 등이 향상됩니다.

● 마음 손전등으로 내 몸 비추기 명상

마음 손전등으로 내 몸 비추기는 어린이 바디 스캔 명상이라 할 수 있습니다. 마음의 손전등이라는 이미지로 자신의 신체 감각에 주의를 집중하는 명상입니다. 내 몸 비추기 명상은 몸과 마음의 이완을 가져옵니다. 또한 각 신체 부위에 집중하게 하여, 아이들이 자신의 몸에서 일어나는 다양한 감각(긴장, 이완, 뻐근함 등)을 더 잘 자각할 수 있도록 돕습니다. 몸에 집중하는 명상은 집중력을 키워 주며, 잠자기 전 마음 손전등으로 내 몸 비추기 명상을 하면 긴장이 풀려 수면에도 도움이 됩니다.

마음 손전등으로 내 몸 비추기 명상

□ **대상 연령:** 전 연령

□ **기대 효과**

1. 주의 집중력 향상

2. 스트레스와 불안 감소 및 수면 개선

3. 신체 감각 자각의 힘 향상

□ **지도 중점**

1. 신체 부위에서 느껴지는 감각과 감정을 파악하면서 몸 전체를 알아차립니다.

2. 자각으로 인해 너무 긴장하거나 풀어지지 않도록 유도합니다.

3. 아이가 지나친 부담을 갖지 않도록 합니다.

□ **명상 안내**

1. 시작하기

자리에 앉거나 등을 바닥에 대고 눕게 하고, 호흡을 유도합니다.

자, 모두 조용히 자리에 앉거나, 등을 바닥에 대고 누워볼까요?

두 눈을 살포시 감고, 몸에 힘을 살짝 빼고, 잠시 깊게 숨을 쉬어봅니다.

마음 손전등으로 내 몸 비추기 명상

코로 천천히 숨을 들이마시고, 천천히 내쉽니다.

들숨과 날숨이 몸을 편안하게 해주는 걸 느껴보세요.

2. 몸의 감각을 차례로 느끼기

머리부터 발끝까지 마음의 손전등으로 비추어 내려오도록 유도합니다.

이제 머리부터 발끝까지 우리 몸 구석구석을 천천히 살펴볼 거예요.

마음의 손전등으로 몸 전체를 하나씩 비춘다고 생각해 보세요.

먼저, 머리 꼭대기로 마음을 가져가 봅시다.

머리카락이 닿는 곳을 살짝 느끼고, 이마와 눈썹, 눈꺼풀도 부드럽게 느껴봐요.

혹시 힘이 들어가 있다면 살짝 풀어주세요.

귀, 코, 볼, 입가, 차례로 느껴봅니다.

입을 살짝 다물고, 턱에 힘이 들어가 있지 않은지도 살펴봅니다.

점점 아래로 내려와서, 목과 어깨로 이동해 보세요.

어깨가 무거운 느낌인가요? 아니면 가벼운가요?

힘이 들어가 있다면 숨을 내쉴 때 슬며시 힘을 빼봅니다.

이제 팔로 갑니다. 오른팔, 왼팔, 팔꿈치,

손목, 손바닥, 손가락까지 하나하나 느껴봐요.

손가락 끝에 집중하고, 간지럽거나 따뜻하거나 시원한 느낌이 드는지 알아봅니다.

지금, 아이와 시작하는 통합명상

다음은 가슴과 배입니다.

숨을 들이마실 때 가슴과 배가 부풀고, 내쉴 때 다시 작아지는 걸 느껴보세요.

마치 풍선처럼요.

이제 등이랑 엉덩이도 살펴봅시다.

바닥에 닿는 느낌이나 따뜻함, 차가움을 느낄 수 있을 거예요.

점점 더 아래로 내려가, 다리로 마음을 이동해 봅니다.

허벅지, 무릎, 종아리, 발목, 발 그리고 발가락까지요.

발바닥이 바닥에 닿는 느낌을 느껴보세요.

3. 마무리

천천히 몸이 편안해지는 것을 느끼고, 호흡을 깊게 유도하고 마무리합니다.

이제 온몸이 아주 편안해지고 가벼워진 기분이 드는지 느껴봅시다.

천천히 숨을 깊게 마시고 내쉬고, 다시 들이마시고 내쉬고,

한 번 더 들이마시고 내쉬어요.

손가락과 발가락을 천천히 움직여봅니다. 눈을 살며시 뜨고 천천히 움직이세요.

4. 느낌과 생각 나누기

일어나 앉아서 느낌과 생각을 나눕니다.

마음 손전등으로 내 몸 비추기 명상

자, 이제 일어나 앉으세요.

몸의 각 부위의 감각을 느꼈는데, 느낌이 어땠어요? 몸이 편안해졌나요?

차례로 이야기해 볼까요?

지도 팁

- 아이들이 몸을 충분히 느낄 수 있도록 천천히 유도합니다.

- 몸을 느끼면서 편안한 이완감을 느끼도록 합니다.

- 시간은 아이의 상황에 맞추어 진행하고, 중간에 잠이 들더라도 깨우지 않습니다.

- 5~10분간이라도 진행하면 몸과 마음의 이완과 함께 수면에 도움이 됩니다.

지금, 아이와 시작하는 통합명상

● 나에게 보내는 마음 미소 명상

나에게 보내는 마음 미소 명상은 신체의 여러 부위에 환한 미소나 따뜻한 빛을 보내는 이미지를 통하여 몸과 마음을 이완하는 명상입니다. 아이에게는 긴장된 부위에 미소의 빛을 보내며 몸과 마음을 치유하는 놀이식 명상으로 유도할 수 있습니다. 몸의 구석구석에 미소를 보내면 긴장이나 불편했던 감정이 완화되고 마음이 안정되는 효과를 경험할 수 있습니다.

나에게 보내는 마음 미소 명상

□ **대상 연령:** 전 연령

□ **기대 효과**

1. 몸과 마음의 이완

2. 감각 자각의 힘 향상

3. 스트레스 해소 및 정서적 안정

나에게 보내는 마음 미소 명상

□ **지도 중점**

1. 미소는 부교감신경을 활성화하여 몸과 마음을 이완하는 효과가 있습니다.

2. 미소를 빛으로 이미지화하여 몸의 각 부위를 이완하도록 유도합니다.

3. 편안하게 이완하도록 유도합니다. 도중에 잠들어도 괜찮습니다.

4. 수면에 도움이 되는 명상입니다.

□ **명상 안내**

1. 시작하기

편안하게 누워서 호흡하도록 합니다. 싱잉볼이나 종으로 시작을 알립니다.

> 편안하게 누우세요. 팔은 허리 옆에 편하게 놓고, 다리는 살짝 벌립니다.
>
> 눈을 감고, 자연스럽게 숨을 쉽니다.
>
> 들이마시고, 내쉬고, 온몸의 긴장을 풀면서, 다시 숨을 들이마시고, 내쉽니다.

2. 얼굴의 미소 느끼기

얼굴에 기분 좋은 따뜻한 미소를 떠올리고, 얼굴 전체에 따뜻한 미소가 환하게 퍼지는 느낌을 느끼도록 유도합니다.

지금, 아이와 시작하는 통합명상

나에게 보내는 마음 미소 명상

얼굴에 기분 좋은 미소, 부드러운 미소를 떠올려 보세요.

남에게 보여주기 위해 짓는 미소가 아니라,

나에게 지어주는, 그리고 나만 알 수 있는 미소를 지어봅니다.

그 환한 미소가 얼굴 전체에 환하게 퍼져가는 것을 느껴보세요.

힘들게 하지 말고, 편안하게 마음속으로 상상하면 됩니다.

환한 미소가 퍼져가면서 얼굴의 피로와 긴장이 다 풀려나갑니다.

얼굴이 점점 더 환하게 빛나는 것을 느껴보세요. 환한 미소의 빛을 느껴보세요.

3. 미소의 빛

머리부터 온몸으로 미소의 빛을 비추는 이미지와 느낌을 유도합니다.

환한 미소의 빛이 머리와 얼굴로부터 온몸으로 퍼져나갑니다.

얼굴, 어깨, 가슴, 배, 다리, 발.

몸의 각 부위가 따뜻하고 환한 느낌으로 빛나는 것을 느껴보세요.

몸과 마음이 점점 더 환하게 빛나고 따뜻해집니다.

4. 가슴의 빛

가슴이 따뜻하고 환하게 빛나는 느낌을 유도합니다.

> 가슴에 따뜻하고 환한 빛이 빛나는 것을 느껴보세요.
>
> 그 빛은 사랑과 지혜의 빛이에요.
>
> 마음속으로 말해 보세요.
>
> 나는 나를 사랑하고, 가족을 사랑하고, 모든 사람을 사랑합니다.
>
> 졸음이 몰려오면 자도 좋아요.
>
> 몸과 마음이 점점 더 고요하고 편안해집니다.

5. 마무리

잠시 후, 싱잉볼이나 종을 울리며 마무리합니다.

> 이제 싱잉볼이 울리면, 천천히 발가락도 움직여보고, 손도 움직여보세요.
>
> 일상에서도 매일 얼굴의 미소를 항상 느끼면서 생활하면 몸과 마음이 편안해져요.
>
> 자주 얼굴의 미소를 느껴보세요.

지금, 아이와 시작하는 통합명상

6. 느낌과 생각 나누기

눈을 뜨고 일어나 앉아서, 느낌과 생각을 나눕니다.

차, 이제 눈을 뜨고, 천천히 일어나 앉으세요. 기지개를 한 번 켜볼까요?

느낌이나 생각을 같이 나누어 볼게요.

얼굴에 미소가 잘 느껴졌나요?

미소가 온몸으로 퍼져간다고 상상했을 때 어떤 느낌이었나요?

지도 팁

– 아이가 자신만의 빛으로 미소를 상상하게 하여 진행해도 좋습니다.

– 부모님과 선생님도 스스로 미소 명상을 하면 몸과 마음의 이완에 도움이 됩니다.

– 잠들기 전 누워서 미소 명상을 하면 몸과 마음의 긴장과 피로 해소에 도움이 됩니다.

4.

마음으로 듣는 소리 명상

마음으로 듣는 소리 명상은 듣는 감각에 집중하며 느끼는 명상입니다. 소리를 판단이나 분석 없이 무심히 들을 때, 몸과 마음의 이완과 함께 편안해지는 경험을 할 수 있습니다. 아이들에게 주변의 소리를 분석이나 판단 없이 듣게 하는 명상은 주의 집중력과 자각의 힘을 향상합니다. 또한 소리에 집중함으로써 스트레스를 해소할 수 있습니다.

음악, 자연의 소리, 싱잉볼, 북 등 다양한 진동의 소리를 듣게 하는 명상은 몸과 마음의 이완과 함께 스트레스 해소와 정서 지능 향상에 도움이 됩니다. 소리의 진동이 신경계 및 뇌파를 자극하여 정서적 평온을 가져옵니다. 특정 주파수의 소리는 신체의 에너지 센터인 차크라의 정화와 균형에 도움을 주어 힐링과 치유를 체험할 수 있습니다.

● 주변의 소리 집중하여 듣기 명상

주변의 소리 집중하여 듣기 명상은 주변 환경에서 들려오는 다양한 소리를 판단이나 분석 없이 집중하여 듣는 명상입니다. 좋거나 싫다는 생각 없이, 모든 소리를 있는 그대로 받아들이고 집중하여 듣게 합니다. 청각이라는 한 가지 감각에 온전히 집중하는 명상은 주의 집중력과 함께 감각 자각의 힘을 키워줍니다. 크고 작은 다양한 소리를 알아차리게 되어 감수성도 함께 길러집니다. 어린이가 산만하거나 걱정이 많을 때 마음을 진정시키는 데도 도움이 됩니다.

주변의 소리 집중하여 듣기

□ **대상 연령**: 전 연령

□ **기대 효과**

1. 주의 집중력 향상

2. 감각 자각의 힘 향상

3. 스트레스 및 불안 완화

□ **지도 중점**

1. 평소에 들리지 않던 주변의 소리에 집중하게 합니다.

2. 소리에 대한 판단이나 분석 없이 그저 듣도록 유도합니다.

3. 소리에 대한 좋거나 싫다는 감정이 떠오르면 이것을 알아차리도록 합니다.

4. 실내나 실외 어디에서나 할 수 있습니다.

□ **명상 안내**

1. 시작하기

자리에 앉아, 눈을 감고 호흡을 3회 합니다.

지금, 아이와 시작하는 통합명상

주변의 소리 집중하여 듣기

자리에 편하게 앉아보세요.

눈을 감고 숨을 천천히 3번 쉬세요.

들이마시고 내쉬고, 들이마시고 내쉬고,

한 번 더 들이마시고 내쉬어요.

2. 소리 집중

눈을 감은 채로 주변의 소리를 집중하여 듣게 합니다.

지금부터 소리에 귀를 기울여 볼 거예요.

눈을 감고 조용히 주변의 소리에 집중해 보세요.

먼저 가까운 소리부터 들어볼 거예요.

혹시 친구가 움직이는 소리나 내 옆에서 나는 작은 소리를 느낄 수 있나요?

판단하거나 생각을 너무 하지 말고 그냥 들어보세요.

좋거나 싫다는 마음이 들면,

내가 이 소리를 좋아하는구나, 싫어하는구나 알아차려요.

이제 조금 더 멀리서 나는 소리에도 귀를 기울여 주세요.

바깥에서 들리는 자동차 소리, 새소리, 바람 소리,

혹은 누군가가 이야기를 하는 소리도 들릴 거예요.

그냥 아무 생각 없이 무심히 들어보세요.

소리가 나에게 왔다가 가는 것을 느낌으로 느껴봐요.

3. 한 번에 한 가지 소리만 집중

한 번에 한 가지 소리에만 집중하여 들어보도록 합니다.

> 지금 가장 크게 들리는 소리는 어떤 소리인가요?
>
> 이제 그 소리에만 집중해 보세요.
>
> 그 소리가 멀리서 들리는지, 계속 들리는지,
>
> 아니면 점점 희미해지는지 느껴보세요.
>
> 이번에는 제일 작게 들리는 소리를 들어보세요.
>
> 제일 작게 들리는 소리를 집중해서 들어 봅니다.
>
> 이제 여러 소리를 함께 들어봐요.
>
> 소리가 서로 섞이는 느낌, 사라졌다가 다시 들리는 것도 느껴보세요.
>
> 어렵게 생각하지 말고, 그냥 듣는다, 하는 마음으로 편안하게 느껴보세요.

4. 소리 집중의 느낌

소리를 집중하여 듣는 동안, 몸과 마음의 느낌을 느껴보게 합니다.

> 이제 소리를 듣는 동안, 내 마음과 몸에 어떤 느낌이 드는지 차분히 느껴보아요.
>
> 소리를 듣고 깜짝 놀랐다면, 그 느낌도 괜찮아요.
>
> 그냥 다 그대로 받아들여 봅니다.
>
> 내가 몸과 마음의 느낌을 있는 그대로 느껴보세요.

5. 마무리

천천히 호흡하면서 마무리합니다.

이제 천천히 다시 호흡에 집중해 볼게요. 코로 깊게 숨을 마시고, 내쉬어요.

손가락과 발가락을 천천히 움직이면서 눈을 뜨세요.

6. 느낌과 생각 나누기

주변 소리를 집중하여 들으면서 일어난 느낌과 생각을 나눕니다.

자, 이제 소리를 들으면서 느꼈던 느낌과 생각을 나눌까요?

어떤 소리가 가장 먼저 들렸나요?

가장 인상 깊었던 소리는 무엇이었나요?

가장 멀리서 들린 소리는 무엇이었나요?

들으면서 어떤 느낌이 들었나요? 차례로 이야기해 볼까요?

주변의 소리 집중하여 듣기

지도 팁

- 주변 환경에서 들려오는 다양한 소리(새소리, 바람, 시계, 사람 목소리, 자동차 등)에 집중하여 귀 기울이게 합니다.
- 아이가 산만하거나 감정이 격해졌을 때, 잠시 소리 명상을 해보세요.
- 실내(교실, 집)와 야외(산책, 공원 등)에서 다 진행해 보세요.
- 3~5분 정도 짧게 시작하면, 아이가 부담 없이 집중할 수 있습니다.
- 명상을 마친 후, 어떤 소리를 들었는지 이야기를 나누면 아이들의 언어 감각도 함께 길러줄 수 있습니다.

지금, 아이와 시작하는 통합명상

● 나의 목소리 듣기 명상

자신의 목소리를 들으며 소리가 나올 때의 느낌, 신체 감각 등에 집중하며 자각하는 명상입니다. 평소 의식하지 못하던 자신의 목소리를 집중하여 들음으로써 새로운 자각과 경험을 얻게 됩니다.

자신의 목소리에 집중함으로써 집중력과 감각 자각의 힘이 강화됩니다. 또한 자신의 몸과 감정에 대한 이해와 통찰이 향상됩니다. 목소리의 울림에 집중하면 더 집중이 잘 되고 긴장이나 불안을 완화하는 데에도 도움이 됩니다.

나의 목소리 듣기 명상

나의 목소리 듣기 명상

□ **대상 연령:** 전 연령

□ **기대 효과**

1. 자신의 몸과 감정에 대한 인식 및 이해 증진

2. 집중력과 감각 자각의 힘 향상

3. 표현력 향상

4. 스트레스 해소 및 불안 감소

나의 목소리 듣기 명상

□ **지도 중점**

1. 자신의 목소리와 울림에 집중하도록 유도합니다.

2. 소리 자체보다 몸의 느낌에 집중하도록 합니다.

3. 무리하지 않고, 소리를 너무 크게 내지 않도록 합니다.

□ **명상 안내**

1. 시작하기

편안하게 앉게 하고, 목소리 듣기 명상을 설명합니다. 숨을 2~3회 쉽니다.

> 오늘은 우리 목소리가 몸에서 어떻게 느껴지는지 함께 살펴보는 명상을 할 거예요.
>
> 편하게 앉아서 숨을 두 번 쉬어볼게요.
>
> 천천히 들이마시고 내쉬어요. 한 번 더 들이마시고 내쉽니다.

2. 소리내기

내쉬는 숨에 맞추어 '아', '오', '이', '에', '우' 또는 '옴'하는 소리를 냅니다.

부드럽게 울림을 느끼며, 목소리를 내보내도록 합니다.

이제 숨을 길게 내쉴 때마다 소리를 내볼게요. 먼저 '아' 소리를 내줄 거예요.

길게 안 해도 돼요.

자기 숨의 길이만큼만 하면 됩니다.

부드럽게 소리를 울려서 내보내요.

그럼 같이 해볼까요? 숨을 들이마시고 내쉬면서, '아—'

3. 소리 느끼기

소리를 내는 동안 자신의 가슴, 목, 배 등에 진동이 어떻게 느껴지는지 자각하도록 유도합니다.

지금 소리를 낼 때, 울림이 내 몸 어디에서 울리는 것 같나요?

손을 그곳에 살짝 얹어 보세요.

다시 한 번 숨 들이마시고 내쉬면서 소리를 내보냅니다. '아—'

이번에는 '우' 소리를 내볼까요?

울림을 느껴보세요. 숨 들이마시고 내쉬면서, '우—'

어디에서 울림이 느껴지나요? 다시 한 번 느껴보세요.

4. 서로의 소리 듣기

한 사람씩 차례로 소리를 내게 하고, 서로의 소리를 듣고 느끼게 합니다.

나의 목소리 듣기 명상

이번에는 한 사람씩 차례로 소리를 내고, 서로 들어볼 거예요.

친구가 내는 소리를 조용히 들어볼 거예요.

친구의 소리가 어떻게 느껴지는지 느껴봐요.

눈을 감고 조용히 들어볼 거예요.

그럼, 차례로 소리를 내볼게요.

5. 마무리

천천히 호흡하면서 마무리합니다.

이제 천천히 다시 호흡에 집중해 볼게요. 코로 깊게 숨을 마시고, 내쉬어요.

손가락과 발가락을 천천히 움직이면서 눈을 뜨세요.

6. 느낌과 생각 나누기

자신의 목소리와 친구의 목소리를 듣고 떠오른 느낌과 생각을 나누며 마무리합니다.

자기 목소리의 울림을 느껴본 소감이 어떤가요?

또 친구의 소리를 들은 느낌은 어때요?

느낌과 생각을 돌아가면서 자유롭게 말해볼까요?

지금, 아이와 시작하는 통합명상

나의 목소리 듣기 명상

지도 팁

– 스스로 자신의 목소리를 들으며, 울림, 느낌, 마음 상태 등을 알아차리게 합니다.

– 자신의 목소리를 판단 없이 받아들이도록 합니다.

– 거울을 보며 자신의 이름이나 감사한 마음을 소리 내어 말해보는 것도 도움이 됩니다.

– 명상 후에는 느낀 점을 같이 나누는 것이 도움이 됩니다.

● 공감 경청 명상

공감 경청 명상은 두 명 또는 그 이상이 짝을 이루어, 한 명이 말하면 다른 한 명이 온전히 집중해서 상대의 말을 경청하는 명상입니다. 이야기를 듣는 동안 끼어들거나 평가하지 않고, 고개를 끄덕이거나 눈을 맞추며 상대의 마음을 느끼는 명상입니다. 오로지 상대의 말에만 주의를 기울이고, 내 생각을 멈추는 명상을 통해 진정한 소통의 경험을 하게 됩니다. 상대의 말보다는 나의 말을 하고 싶은 마음을 알아차리고 기다리는 것은 아이들에게 좋은 경험이 됩니다. 공감 경청 명상을 통해서 아이들은 집중력과 함께 공감 능력, 정서 지능이 향상됩니다. 다른 사람의 말뿐만 아니라 감정까지 깊이 이해하는 힘이 길러집니다. 이는 다른 사람과의 관계, 리더십 등에 긍정적인 영향을 미칩니다.

공감 경청 명상

□ **대상 연령:** 고학년

□ **기대 효과**

1. 공감 능력 및 사회성 향상

2. 주의 집중력과 감각 자각의 힘 향상

3. 자기 표현력 및 자신감 증가

4. 갈등 해소 능력 향상

공감 경청 명상

□ **지도 중점**

1. 소그룹을 이루거나, 두 명이 짝을 지어서 진행합니다.

2. 차례로 이야기하면서, 한 명이 말하고 나머지 어린이들은 조용히 듣습니다.

3. 다른 어린이가 이야기하는 동안 방해하지 않고, 정성껏 들으면서 상대의 마음을 이해하도록 합니다.

4. 상대의 말을 끊고 내 말을 하고 싶은 마음을 알아차리게 합니다.

5. 말을 듣는 동안은 끄덕이는 등 반응만 합니다.

6. 주제를 간단하게 정해줍니다.

 – 오늘 가장 기뻤던 일, 최근의 고민, 내가 좋아하는 것, 특별히 하고 싶은 일 등

□ **명상 안내**

1. 시작하기

공감 경청 명상을 설명하고, 편안히 앉아서 2~3회 호흡을 합니다.

오늘은 서로의 이야기를 마음으로 들어주는 공감 명상을 할 거예요.

나는 친구의 말을 열심히 들어주는 것 같아요?

친구가 나의 말을 끊지 않고 열심히 들어줄 때 기분이 어떤가요?

친구의 말을 열심히 들어주는 것은 굉장히 중요하고 의미 있는 일이에요.

우선, 편안하게 앉아서 숨을 쉬어볼까요?

깊게 들이마시고, 내쉬어요. 한 번 더 들이마시고 내쉬어요.

2. 역할 정하기

이야기하는 사람과 듣는 사람 역할을 정합니다. 1~2분 정도 시간이 지나면 역할을 바꿀 수 있도록 합니다.

우선 이야기하는 사람과 듣는 사람 역할을 정할 거예요.

말하는 사람은 자신의 하루, 좋아하는 것,

최근의 고민 등 자유 주제로 짧게 1~2분간 이야기하는 거예요.

듣는 사람은 친구의 말을 끊지 않고,

눈을 바라보며 고개를 끄덕이거나 "응", "그래?" 등

공감의 표정과 짧은 반응을 해주면 돼요. 과하게 반응하지는 않아요.

듣는 동안 판단하거나 충고하지 않고,

오직 친구의 말을 듣는 것에만 집중하는 거예요.

말을 끊고 내 말을 하고 싶은 마음이 들 때면

속으로 잠깐 침묵하고 친구의 말에 다시 귀를 기울여요.

3. 이야기 시작

이야기를 시작하게 하고, 공감하며 듣는 모습을 살핍니다.

> 자, 이야기를 시작하세요. 친구의 이야기를 집중해서 들어보세요.
>
> 상대방의 말을 끊거나, 웃거나, '내 생각엔' 하며
>
> 내 의견을 먼저 말하지 않는 거예요.

4. 경청의 느낌

이야기하면서 느낀 느낌을 나누게 합니다. 말을 들어준 친구의 의견보다는, 말을 한 친구가 내 말을 타인이 경청했을 때 본인이 느낀 감정을 이야기하게 합니다.

> 친구가 내 이야기를 잘 들어주니 어떤 기분이 들었나요? 마음이 어땠나요?

5. 역할 바꾸기

역할을 바꿔 똑같은 방법으로 진행합니다.

> 이제 이야기하는 사람과 듣는 사람을 바꿔서 해볼 거예요.
>
> 자, 똑같은 방법으로 다시 시작해요.

6. 마무리

명상을 마친 다음, 느낀 점을 함께 나눕니다.

자, 우리 서로 느낀 점을 이야기해 볼까요?

먼저 친구의 이야기를 들으면서, 어떤 생각이 들었나요?

친구의 말을 끊고 내 말을 하고 싶은 마음은 안 들었나요?

그때 어떻게 했나요?

친구가 잘 들어줬을 때, 어떤 느낌이 들었나요?

앞으로 어떻게 친구의 이야기를 들어주고 싶은가요?

새롭게 느낀 점이 있나요?

차례로 느낌과 생각을 이야기해 봐요.

남의 말을 경청하는 것은 친구를 사랑하는 마음이자

서로 마음을 연결하는 힘이에요.

이제 우리 생활하면서 친구, 부모님, 선생님, 형, 누나, 동생의 말을

경청해서 들어주는 사람이 되어봐요.

지금, 아이와 시작하는 통합명상

공감 경청 명상

지도 팁

- 부모님이나 가족 간에 하는 것도 좋습니다. 자유롭게 이야기를 나누는 시간을 정기적으로 가져보세요. 서로를 이해하고 소통하는 데 도움이 됩니다.
- 이야기를 듣는 동안 끼어들거나 평가하지 않고, 고개를 끄덕이거나 눈을 맞추는 등 공감하며 경청합니다. 공감 경청 명상은 상대의 마음을 느끼는 활동입니다.

5.

오감을 여는 놀이 명상

어린이 명상은 놀이 형태로 진행하는 것이 더욱 효과가 있습니다. 놀이 속에서 하나의 감각에 집중하여 지금 이 순간 깨어 있는 명상을 실천합니다. 다양한 놀이 명상을 통하여 집중과 자각의 힘을 키울 수 있습니다. 여러 감각을 느끼고 알아차리는 명상은 어린이들에게 감각 자각의 힘과 집중력을 키워줍니다. 감각에 깨어 있는 것에 주목하여 다양한 놀이를 활용해 보시기 바랍니다.

● 눈 감고 촉감 느끼기 명상

눈 감고 촉감 느끼기 명상은 오로지 하나의 감각, 촉각에 집중하여 느끼는 명상입니다. 눈을 감고 하거나 보이지 않는 박스에 물건을 넣어 만지게 하는 방법으로 진행할 수 있습니다. 다양한 촉감을 알아차리며 자연스럽게 마음을 현재

지금, 아이와 시작하는 통합명상

순간에 집중하도록 훈련합니다. 촉각에 온전히 집중하게 되어, 평소에는 무심코 지나치는 감각을 예민하게 느낄 수 있습니다.

외부 자극이 줄어든 상태(눈을 감음)에서 감각 하나에 집중하는 경험을 통해 주의력과 관찰력이 높아집니다. 어린이의 감각 발달, 집중력, 마음의 안정, 자기 인식, 창의력 증진에 효과적이며, 스트레스를 줄이는 데 좋은 명상입니다. 이로 인해 불안이나 긴장이 완화되고, 마음이 차분해집니다.

눈 감고 촉감 느끼기 명상

□ **대상 연령:** 전 연령

□ **기대 효과**

1. 감각 집중력 향상

2. 마음의 안정과 긴장 완화

3. 자기 인식 및 감정 조절 능력 발달

4. 창의력과 상상력 촉진

5. 스트레스 완화 및 마음챙김 발전

□ **준비물**: 속이 보이지 않는 큰 상자나 봉투, 다양한 촉감의 물건들(공, 나무 블럭, 솜, 스펀지, 단추, 조약돌, 털실, 플라스틱 장난감 등), 손소독제

□ **지도 중점**

1. 눈을 감고, 말을 하지 않고 촉감에만 집중하게 합니다.

2. 놀이 형태로 게임을 해도 좋습니다.

3. 자신이 느낀 것을 자유롭게 표현하도록 하고 평가하지 않습니다.

눈 감고 촉감 느끼기 명상

□ **명상 안내**

1. 시작하기

모두 동그랗게 앉거나 줄을 서서, 순서대로 앞에 놓인 촉감 박스에 한 손, 또는 양손을 넣고 촉감을 느껴보게 합니다. 눈을 감거나, 박스 안이 안 보이도록 가립니다. 충분한 시간을 주고, 천천히 촉감에 집중하도록 유도합니다.

이 안에 어떤 물건이 들어있는지 손의 감각을 최대한 느끼며 맞춰 볼 거예요.

손을 조심스럽게 촉감 박스 안에 넣고, 꺼내지 말고, 물건을 만져보세요.

이 물건은 딱딱할까요, 말랑말랑할까요? 거칠까요, 부드러울까요?

크기는 클까요, 작을까요? 말은 하지 말고, 손끝의 느낌에만 집중해 봐요.

2. 알아맞히기

한 명씩 차례로 촉감을 설명하고 맞혀보게 합니다.

이제 차례로 만져본 촉감을 설명해 보고, 무엇일지 맞혀볼까요?

3. 정답 확인

물건을 꺼내며 정답을 확인하고, 다양한 질문으로 생각들을 말하게 합니다.

만진 것과 상상했던 것이 같았나요?

친구가 느낀 것과는 무엇이 달랐나요?

이 물건을 만질 때 어떤 느낌이 들었나요?

지금은 느낌이 어떻게 달라졌나요?

4. 마무리

감각의 변화에 대한 느낌과 생각을 나누면서 마무리합니다.

촉감에만 집중해 보니 어떤 점이 새로웠나요? 무엇을 느꼈나요?

지도 팁

– 물건의 정체를 상상하는 재미와 호기심을 갖도록 재미있게 유도합니다.

– 새로운 촉감에 대한 느낌과 생각을 자신의 말로 표현하도록 유도합니다.

● 상상으로 레몬 맛보기 명상

상상으로 레몬 맛보기 명상은 눈을 감고 레몬을 떠올리며, 색, 냄새, 촉감 그리고 신맛까지 자세히 상상해 보는 이미지 명상입니다. 상상 속에서 오감(시각, 촉각, 후각, 미각, 청각)을 사용하는 명상으로, 실제 느낌처럼 생생하게 느끼게 됩니다. 상상으로 레몬 맛보기 명상은 미세한 감각에 깨어 있도록 하여 아이들의 집중력, 감각 자각의 힘, 상상력 등을 키워줍니다.

상상으로 레몬 맛보기 명상

□ **대상 연령:** 전 연령

□ **기대 효과**

1. 감각 자각의 힘 및 집중력 향상

2. 상상력과 창의력 발달

3. 스트레스 해소와 심신 안정

□ **지도 중점**

1. 상상이지만 구체적으로 감각을 느끼게 유도합니다.

2. 진짜 레몬으로 직접 냄새를 맡거나, 먹어보는 명상도 좋습니다.

상상으로 레몬 맛보기 명상

□ **명상 안내**

1. 시작하기

편안하게 앉아서 2~3회 호흡을 하며 마음을 고요하게 합니다.

> 모두 편안하게 앉아서, 눈을 감으세요.
>
> 숨을 깊게 한 번 들이마시고, 내쉬어요. 한 번 더 들이마시고, 내쉬어요.

2. 레몬 상상하기

마음속으로 레몬을 상상하게 합니다.

> 이제 눈을 감고, 마음속으로 재미있는 상상을 해볼 거예요.
>
> 손에 노란 레몬 한 개가 있다고 상상해 보세요.
>
> 밝은 노란색의 레몬이 내 손안에 있어요. 마음 속으로 상상해 보세요.

3. 상상 속 감각 느끼기

상상 속에서 오감으로 레몬을 느끼게 합니다.

손으로 레몬을 살살 만져봐요.

껍질이 오돌토돌하고 살짝 단단한 느낌이죠?

코에 가까이 가져가서 냄새를 맡아보세요.

상큼하고 시원한 레몬 향이 코끝을 간지럽힙니다.

이제 레몬을 반으로 자르는 상상을 해봐요.

안에서 톡, 하고 신선한 레몬즙이 튀어나와요. 그 냄새가 더 진하게 퍼집니다.

상상 속에서 레몬을 살짝 짜 보세요.

작은 조각을 집어 들고, 혀끝에 닿게 해볼까요?

상상 속에서 레몬 조각의 시고 상큼한 맛이 입안에 가득 퍼집니다.

입가에 침이 고이고, 얼굴이 찡그려질 수도 있어요. 그 느낌을 그대로 느껴보세요.

레몬의 냄새, 맛, 손끝의 느낌, 입에서 일어나는 변화까지 모두 느껴봐요.

입안에 침이 고이나요?

이 모든 느낌이 상상만으로도 일어난다는 게 신기하지요?

우리 몸과 마음은 연결되어 있어요.

4. 마무리

눈을 뜨고, 명상의 느낌이나 생각을 나누고 마무리합니다.

상상으로 레몬 맛보기 명상

이제 레몬을 천천히 내려놓는 상상을 하고, 깊게 숨을 한 번 쉬어봅시다.

숨을 깊게 들이마시고 내쉬어요.

눈을 천천히 뜨세요.

상상 속 레몬을 느끼며 어떤 경험을 했는지, 느낌과 생각을 나누어볼까요?

상상만 해도 침이 고였나요? 신맛도 느껴졌나요?

우리의 마음과 몸은 이와 같이 연결되어 있어요.

항상 밝은 마음을 유지하고, 좋은 생각을 하면 더 건강하고 예뻐져요.

지도 팁

- 상상으로 감각을 생생하게 느끼도록 유도합니다.
- 신맛을 상상하며 나타나는 몸의 반응을 인지함으로써 몸과 마음의 변화를 깨닫게 됩니다.
- 놀이처럼 재미있게 진행하여 아이들이 부담 없이, 즐겁게 참여할 수 있도록 해주세요.

지금, 아이와 시작하는 통합명상

● 소리 맞히기 명상

소리 맞히기 명상은 놀이 형식으로 다양한 소리에 집중하는 명상입니다. 아이들이 쉽고 재미있게 명상에 접근할 수 있습니다. 집중력과 감각 자각 능력 향상 등에 효과가 있습니다. 스트레스를 해소해 주고, 호기심, 상상력, 창의성 등을 키워줍니다. 아이들이 산만해질 때 놀이 형태로 진행하면 좋습니다.

소리 맞히기 명상

□ **대상 연령:** 전 연령

□ **기대 효과**

1. 주의 집중력과 감각 자각의 힘 향상

2. 스트레스 해소 및 이완 효과

3. 상상력, 창의성, 소통 능력 향상

□ **준비물:** 소리가 나는 다양한 물건(작은 종, 탬버린, 쌀이 담긴 병, 나무 막대, 단추 상자 등)

소리 맞히기 명상

□ **지도 중점**

1. 소리 나는 다양한 물건을 준비합니다.

2. 소리 하나하나를 집중하여 듣고 알아맞히게 합니다.

□ **명상 안내**

1. 시작하기

자리에 앉아서, 명상을 소개하고 호흡을 2~3회 합니다.

> 자리에 앉으세요. 이제 어떤 소리를 낼 거예요.
>
> 그 소리를 집중해서 듣고 알아맞히는 거예요.
>
> 자, 허리를 펴고, 숨을 들이마시고 내쉬어요. 다시 한 번 들이마시고 내쉬어요.

2. 소리내기

한 가지 물건을 선택한 뒤 어린이들이 보지 못하도록 해서, 다양한 방식으로 소리를 냅니다.

> 이제 눈을 감고, 소리를 잘 들어보세요. 어떤 소리인지 상상해 보세요.

지금, 아이와 시작하는 통합명상

3. 소리 알아맞히기

두 번 정도 같은 소리를 들려준 후, 질문을 하고 손을 들어 대답하게 합니다.

자, 이 소리는 무엇일까요?

아는 사람 손을 들어볼까요?

네, 말해 보세요. 또 다른 사람?

4. 다른 소리 내기

다른 소리를 내거나 어린이들이 직접 소리를 내보게 합니다.

소리를 집중해서 들어보고 상상하며 온전히 듣는 행위에 집중하도록 합니다.

5. 마무리

느낌과 생각을 나누면서 마무리합니다.

자, 이제 눈을 뜨세요.

오늘 어떤 소리가 가장 재미있었나요?

가장 기억에 남는 소리는 무엇이었나요?

느낌과 생각을 이야기해 볼까요?

소리 맞히기 명상

지도 팁

- 다양한 소리로 재미있게 진행합니다.

- 소리를 듣고 상상하고 추리하도록 유도합니다.

- 아이가 산만해지거나 지루해 할 때 진행하면 좋습니다.

싱잉볼 진동

5부

정서 지능 명상

감정 얼굴 표현하기

정서 지능 명상은 자신의 감정을 알아차리고 이름 붙이고 흘려보내는 명상으로 이루어져 있습니다. 화가 나거나 슬플 때 그 감정을 밀어내지 않고 '내 안에 이런 느낌이 있구나' 하고 바라볼 수 있다면 그 감정을 조절하는 힘이 생깁니다. 또한 공감 명상을 통해 타인의 감정을 느끼고 이해하며, 관계 속에서 따뜻한 마음을 나누는 법을 배웁니다. 이러한 경험은 아이가 친구와의 갈등을 해결하거나 낯선 상황에서도 자신을 안정적으로 표현할 수 있도록 도와줍니다.

어린이들이 자신의 감정을 정확히 인식하고, 이를 판단하지 않고 수용하는 법을 배우는 것은 매우 중요합니다. 다른 사람의 감정을 이해하고 공감하는 방법을 익히는 것도 중요합니다. 자신의 감정을 인정하고 타인의 마음에 귀 기울이는 아이는 자연스럽게 자신감과 배려심, 회복 탄력성을 키워갑니다. 정서 지능 명상은 아이의 내면을 단단히 세우는 따뜻한 토양이자, 행복한 관계와 삶의 기초가 되는 마음의 훈련입니다.

지금, 아이와 시작하는 통합명상

1.

감정을 알아차리고
흘려보내는 통찰 명상

감정을 알아차리고 흘려보내는 통찰 명상은 생활하면서 여러 감정이 생겨날 수 있다는 것을 인식하도록 합니다. 감정은 어떠한 상황에서 생겨나는 자연스러운 현상이며, 나쁜 감정은 없고, 다만 감정을 다스리고 상황에 맞는 행동을 골라 해야 한다는 걸 이해하게 합니다. 스트레스 상황에서 일어나는 감정과 기분에 휘둘리지 않고 차분하게 대응하는 힘을 키워줍니다. 언어를 사용하거나 창의적인 활동을 통해 자신의 감정을 안전하게 표현하는 방법을 배우도록 합니다.

또래와 함께 명상 활동을 함으로써 서로의 감정을 더 잘 이해하고, 사회적 기술을 향상합니다. 이러한 방법들은 어린이들이 자신의 정서 지능을 향상하고, 건강한 대인관계를 계발하는 데 큰 도움이 될 것입니다. 정서 지능이 높은 아이들은 자기 자신과 타인을 더 잘 이해하고, 복잡한 사회적 상황을 더 효과적으로 다룰 수 있습니다.

● 감정 얼굴 그리고, 이름 붙이기

감정 얼굴 그리고, 이름 붙이기

□ **대상 연령:** 전 연령

□ **준비물:** 감정 얼굴 도화지 (둥근 얼굴 모양이 그려진 종이 또는 백지)

필기도구 (색연필, 크레파스, 마카펜 등)

감정 카드 (기쁨, 슬픔, 화남, 두려움, 놀람, 편안함 등 기본 감정 포함)

□ **기대 효과**

1. 감정을 인식하고 표현하는 능력 향상

2. 타인의 감정을 이해하는 공감력과 사회성 향상

3. 불안, 긴장, 스트레스 감소

4. 회복 탄력성 강화

감정 얼굴 그리고, 이름 붙이기

□ **지도 중점**

1. 어린이들이 감정을 인식하고 표현하는 능력을 키우는 명상입니다.

2. 어린이들이 감정 얼굴을 그리고, 이름을 붙이도록 합니다.

3. 그림을 보면서 "이 얼굴은 어떤 기분인가요?", "이 감정은 언제 느꼈나요?" 등을 편하게 이야기 나눕니다.

4. 감정 카드 등을 활용해 감정의 분류를 이해하는 것도 좋습니다.

웃는 얼굴(기쁨), 우는 얼굴(슬픔), 화내는 얼굴(화남), 고요한 얼굴(평온), 놀라는 얼굴(놀람), 걱정하는 얼굴(걱정), 사랑스러운 얼굴(사랑) 등.

5. 감정의 이름을 찾는 과정을 통해 정서 표현력과 언어 감수성을 함께 길러줍니다.

□ **명상 안내**

1. 시작하기

편안하게 앉아서, 호흡을 2~3회 하고 마음을 고요히 합니다.

편안하게 앉으세요. 눈을 감고, 숨을 깊게 쉬어 볼게요. 숨을 천천히 들이마시고,
내쉬어 보세요. 한 번 더 깊게 들이마시고, 천천히 내쉬어요.

감정 얼굴 그리고, 이름 붙이기

2. 감정 찾기
감정의 종류를 말하게 합니다.

> 우리가 느끼는 감정에는 어떠한 것들이 있을까요?
>
> 혹시 여러분은 최근에 자주 느껴지는 감정이 있나요?
>
> 여러분이 느껴본 다양한 감정들이 있을 거예요. 감정의 이름을 이야기해 볼까요?

3. 감정 얼굴 그리기
감정별로 종이에 감정 얼굴을 그리게 하고, 시간을 줍니다.

> 이제 감정 얼굴을 그려볼 거예요. 각 감정에 어울리는 얼굴을 그려보세요.
>
> 요즘 내가 가장 많이 느끼는 감정은 무엇일까요? 기쁨, 슬픔, 화남, 걱정, 평온…
>
> 요즘 내가 가장 많이 느끼는 감정 세 가지를 생각해 봐요.
>
> 그리고 그 감정을 나타내는 얼굴을 그려봐요. 색칠을 해도 좋아요.
>
> 감정 얼굴 밑에 이름도 붙여보세요.
>
> 기쁘다면 어떤 표정일까요? 슬프다면 눈이 촉촉해질 수도 있고, 화가 나면 이마를
>
> 찡그릴 수도 있겠죠? 여러분이 느낀 그 감정의 얼굴을 자유롭게 그려보세요.
>
> 색깔도 마음껏 사용해 보세요!
>
> 붉은색, 파란색, 노란색, 어떤 색이 어울릴지도 생각해 보고, 골라보세요.

지금, 아이와 시작하는 통합명상

감정 얼굴 그리고, 이름 붙이기

4. 감정에게 안녕!

자신이 그린 감정 얼굴을 보고, "안녕" 인사하게 합니다.

어떠한 감정이든 받아들이는 마음을 갖게 합니다.

> 다 그렸나요? 이제 내가 그린 감정 얼굴을 보면서, "감정아, 안녕?"하고
>
> 인사해볼까요? 그리고 감정에게 따뜻하게 말을 걸어보세요. 진심을 담아 말해봐요.
>
> "기쁨아, 나에게 와줘서 고마워."
>
> "화남아, 요새 네가 있어서 내가 이런 마음을 느꼈구나."
>
> 여러분의 감정은 모두 소중해요.
>
> 기쁨도, 슬픔도, 화남도, 걱정도 모두 의미가 있답니다.
>
> 이제부터 어떠한 감정이든, 감정을 받아들이고 사랑하는 마음을 가지기로 해요.

5. 마무리하기

호흡을 하면서 마무리합니다.

> 자, 이제 허리를 펴고 앉아봐요. 숨을 한 번 깊게 들이마시고 내쉬거요.
>
> 여러분 모두 정말 멋진 감정의 얼굴을 그렸어요.
>
> 앞으로 마음에 감정이 일어나면 오늘 그린 감정 얼굴을 떠올리며
>
> "안녕!"하고 인사해 봐요.

6. 느낌과 생각을 나누기

느낌이나 생각을 말하도록 하면서 반응해 줍니다. 명상 후의 나눔은 평가가 아닙니다. 아이들이 명상을 통해 느낀 것을 그대로 이야기하며, 스스로의 느낌에 대해 표현하는 경험 자체가 어린이들의 성장을 유도합니다.

> 이제 차례로 느낀 느낌이나 생각을 나누어 볼까요?
> 감정 얼굴을 그리고, 이름을 붙이니까 어떤 느낌이나 생각이 들었나요?
> 요사이 내가 자주 느끼는 감정은 무엇인 것 같아요?

지도 팁

- 아이가 표현한 감정을 옳고 그름으로 판단하지 않습니다.
- 감정이 생겨남을 이해하고 표현하는 것에 중점을 둡니다.
- 서로의 감정을 비교하지 않고, "그럴 수 있겠구나" 하고 공감적 반응을 합니다.

자신의 감정 알아차리고 표현하기

□ **대상 연령:** 전 연령

□ **기대 효과**

1. 자신의 감정에 대한 이해와 감정 조절의 힘 강화

2. 자신의 감정과 함께 타인의 감정에 대한 이해와 정서적 공감 능력 향상

3. 자기 수용과 자존감 향상

 4. 회복 탄력성 향상

□ **지도 중점**

1. 감정을 표현해도 평가받지 않는다는 심리적 안정감을 제공합니다.

2. 명상 전후로 앞의 '감정 얼굴 그리고, 이름 붙이기' 등을 함께 진행하면 좋습니다.

3. 감정에 관한 판단이나 평가 없이, '이런 감정이 있구나' 수용과 함께 관찰하도록 합니다.

4. 말뿐 아니라 그림, 색, 소리, 동작 등으로 다양하게 감정을 표현하도록 합니다.

5. 명상 후에는 "이 마음도 나의 일부야." "모든 감정은 나를 알려주는 신호야." 하고 나
   누면서 감정에 대한 수용의 느낌과 의미를 느끼게 합니다.

자신의 감정 알아차리고 표현하기

□ **명상 안내**

1. 시작하기

자리에 편하게 앉아서 호흡을 2~3회 합니다.

여러분, 모두 편하게 앉아 볼까요? 눈을 감고 숨을 쉬어 볼게요.

깊게 숨 들이마시고, 천천히 내쉬어요. 한 번 더 천천히 들이마시고 내쉬어요.

2. 감정 떠올리기

지금의 감정 또는 지나간 감정을 살펴보고 알아차리도록 질문을 합니다.

지금 기분이 어떤가요? 오늘 나는 어떤 감정을 느꼈나요?

마음속에 느끼는 감정을 생각해 보는 시간을 가질 거예요.

내가 가장 최근에 감정을 느꼈던 상황을 기억해 봐요.

어제, 지난주, 언제라도 좋아요.

화난 게 있었나요? 기쁨, 슬픔, 화남, 신남, 두려움, 걱정, 뭔가 알 수 없는 느낌…

어떤 감정도 괜찮아요. 그 감정을 조용히 느껴보고,

머릿속으로 천천히 떠올려 보세요.

지금, 아이와 시작하는 통합명상

3. 감정 이름 붙이기

자신의 감정에 이름을 붙이고, 있는 그대로 바라보게 합니다.

이름 붙이고 바라보는 시간을 줍니다.

이제, 그 감정에 이름을 붙여봐요.

화남, 기쁨, 걱정, 신남, 슬픔 등으로요.

조용히 속으로 말을 해도 좋고, 아주 작게 입 밖으로 내뱉어봐도 좋아요.

'아, 속상한 감정을 느끼는구나', '조금 걱정이 되는구나'처럼

마음속으로 말해도 좋아요.

이제 그 감정을 떨어져서 바라본다고 상상해 봐요.

있는 그대로 떨어져서 나의 감정을 바라보는 거예요. 느낌이 어떤가요?

4. 감정 몸으로 느끼기

감정이 느껴지는 몸의 부위를 자각하게 합니다.

느끼지 못하더라도 상관없음을 말해줍니다.

이제 그 느낌이 몸 어디에서 가장 강하게 느껴지는지 살펴볼까요?

어떤 느낌이든 가만히 느껴봐요. 감정은 종종 몸에도 나타나요.

화가 나면 얼굴이 붉어지고, 두근거리거나, 울고 싶을 때는 눈물이 나올 수도 있죠.

혹시 가슴이 두근두근거릴 수도 있고, 배가 간질간질할 수도 있어요.

걱정하지 않아도 돼요. 그냥 '그렇구나' 하고 느껴봐요. 안 느껴져도 괜찮아요.

5. 자신의 감정에게 인사하기, 감정에게 안녕!

자신의 감정에게 인사하고, 감정을 감싸고 받아들이도록 합니다.

이제, 자신의 감정에게 미소를 지어주고, "안녕"하고 작은 목소리로 인사해 보세요.

그 감정은 여러분을 위해 찾아온 소중한 손님이에요.

감정이 여러분에게 뭔가를 알려주고 싶어서 찾아온 거예요.

감정에게 다시 작은 목소리로 인사해볼게요.

"감정아, 나에게 와줘서 고마워."

감정에게 인사해 보고, 그 감정이 어떤 느낌인지 잠시 바라봐 주세요.

그냥 바라만 보면서, 감정을 쫓거나 밀어내지 않고,

내 마음에 그대로 머물게 해줘요.

감정이 조금 느껴질 수도, 아주 크게 느껴질 수도 있어요.

어떤 감정이든, 지금 이 순간만큼은 내 감정을 있는 그대로 받아들이는 거예요.

내 마음 안에 있는 감정을 안아주듯이, 스스로를 따뜻하게 감싸 주세요.

6. 마무리하기

어린이들의 작업을 칭찬해 주고, 호흡을 하면서 마무리합니다.

> 호흡을 깊게 한 번 할게요.
>
> 천천히 들이마시고 내쉬어요.
>
> 이제, 천천히 눈을 뜨세요.
>
> 여러분 모두 정말 잘했어요.
>
> 내 감정을 알아차리고, 표현하고, 받아주었어요.
>
> 내 마음을 소중하게 돌본 여러분을 스스로 칭찬해 주세요.

7. 느낌과 생각 나누기

자신의 감정을 알아차리고, 받아들인 느낌과 생각을 나눕니다.

> 여러분! 자신의 감정을 알아차리고, 느끼고, 인사하고, 받아들인 느낌이 어때요?
>
> 느낌과 생각을 서로 같이 나누어 볼까요?

자신의 감정 알아차리고 표현하기

지도 팁

– 자신의 감정을 표현하는 것을 편하게 할 수 있는 분위기를 조성합니다.

– 서로의 감정을 평가나 해석 없이 공감해 주도록 합니다.

지금, 아이와 시작하는 통합명상

● 감정 흘러보냄

감정 흘러보냄

□ **대상 연령:** 고학년

□ **지도 중점**

1. 감정을 구름으로 이미지화하도록 유도합니다.

2. 내 마음 깊은 곳에 하늘과 같이 고요한 중심 공간이 있음을 느끼게 유도합니다.

3. 잘 못 느끼더라도, 걱정하지 말고 천천히 따라오게 합니다.

□ **명상 안내**

1. 시작하기

편안히 앉아서, 눈을 감고, 호흡을 2~3회 합니다.

자, 편안히 앉아서, 눈을 감고, 숨을 깊게 쉬어 볼까요?

숨을 천천히 들이마시고, 내쉬어요. 한 번 더 깊게 들이마시고, 내쉬어요.

2. 감정 구름 이름 붙이기

감정을 떠올리고, 감정을 구름으로 이미지화하고, 이름을 붙이도록 유도합니다.

이제 눈을 감고, 내가 느꼈던 감정이나 기분을 떠올려 봐요.

지금이나 오늘 느낀 감정도 좋고, 요새 많이 느끼는 감정도 좋아요.

자신의 감정이나 기분을 떠올려봐요.

이제 내가 느낀 기분이나 감정을

하늘에 떠가는 구름이라고 생각해 보세요.

하늘에 떠가는 다양한 감정 구름 하나하나에 이름을 붙여봐요.

이 구름은 기쁨, 저 구름은 화남이라고 붙여봐요.

3. 감정 구름 바라보기

감정의 구름이 흘러가는 것을 이미지로 바라보는 상상을 하도록 유도합니다.

감정의 구름이 저 멀리 흘러가는 것을 상상해 봐요. 잘 안 되어도 괜찮아요.

그냥 생각만 해도 좋아요. 화남의 구름도, 걱정의 구름도 저 멀리 흘러가요.

기분이 점점 편안해지는 것을 느껴봐요.

하늘을 두둥실 떠다니는 구름처럼,

기분이나 감정도 왔다가 흘러서 가버리는 거예요.

감정 구름이 지나간 뒤에는, 그걸 바꾸려고 하지 말아요.

그냥 하늘을 둥둥 떠다니는 모습을 지켜보기만 해요.

다양한 크기의 감정 구름을 가만히 바라보는 거예요.

어떤 기분이 가장 큰 구름이 됐나요? 어떤 감정 구름이 가장 작나요?

감정 구름들이 그냥 둥실둥실 다가왔다 멀어지게 내버려 두어요.

계속 그 구름들이 지나가는 모습을 지켜보아요. 어떤 기분이 느껴지나요?

4. 고요한 하늘 마음 공간

감정 구름이 다 사라진 뒤의 푸른 하늘을 상상하고, 시원하고 편안한 기분을 느끼도록 유도합니다.

이제, 감정 구름이 다 사라진 푸른 하늘을 상상해 보아요.

구름 한 점 없는 아주 넓고 파란 하늘을 떠올려봐요.

시원하고 편안한 기분으로 하늘을 느껴보아요.

내 마음 안의 깊은 중심에는 하늘과 같은 넓고 고요한 마음 공간이 있어요.

화가 나고, 슬프고, 무서운 감정이 들어도

그 감정 너머에는 하늘과 같은 고요한 마음이 있어요.

그 고요한 마음 공간은 항상 고요하고 편안해요. 언제나 내 안에 있어요.

넓은 하늘과 같은 내 안의 고요한 마음 공간을 느껴보아요.

5. 마무리

내면의 고요한 마음 공간에 관해 생각하게 하고, 호흡을 3회 하면서 마무리합니다.

숨을 천천히 깊게 쉬면서, 고요한 마음 공간을 느껴보아요.

들이마시고, 내쉬어요. 들이마시고, 내쉬어요. 다시 한 번 들이마시고, 내쉬어요.

앞으로 생활하면서 화가 나고, 불안하고, 걱정이 있어도,

숨을 깊게 천천히 5번만 쉬면 내 마음 깊은 곳의

고요한 마음 공간을 찾을 수 있어요.

자, 이제 천천히 눈을 뜨고, 움직이세요.

6. 느낌과 생각 나누기

감정의 구름과 하늘과 마음 공간에 대한 느낌과 생각을 나눕니다.

자, 이제 감정의 구름을 흘려보내고,

내 안의 마음 공간을 느끼는 명상을 한 느낌과 생각을 같이 나누어 볼까요?

감정 흘려보냄

지도 팁

– 감정을 구름으로 이미지화하는 것이 잘 안되어도, 그런 생각을 하는 것만도 좋습니다.

– 이미지나 생각을 할 때 느낌을 갖도록 유도합니다. (하늘과 같은 마음 공간의 느낌)

스트레스 비행기 날리기

□ **대상 연령:** 전 연령

□ **준비물:** 종이, 필기도구 (색연필, 크레파스, 연필 등)

□ **지도 중점**

1. 스트레스 비행기 날리기 명상은 어린이들이 자신의 스트레스나 고민을 비행기에 실어 날려 보내는 명상입니다.
2. 색연필로 자신의 스트레스나 고민을 종이에 그리거나 쓰게 합니다.
3. 야외나 실내의 넓은 공간에서 종이비행기를 날립니다.
4. 비행기를 날릴 때 스트레스도 같이 날리는 느낌을 갖도록 유도합니다.

□ **명상 안내**

1. 시작하기

호흡을 한 번 하면서, 마음을 고요하게 합니다.

편안하게 자리에 앉아서, 등을 곧게 펴고 큰 숨을 천천히 한 번 쉬어 볼까요?

숨을 깊게 들이마시고, 천천히 내쉬세요.

2. 스트레스 쓰기

자신의 스트레스나 고민을 쓰도록 하고, 시간을 주고 기다립니다.

이제 앞에 있는 종이를 바라보세요.

혹시, 최근에 속상했던 일, 걱정되는 일, 화가 났던 일이나 스트레스가 있었나요?

그런 일이 있다면 지금 종이에 조용히 써볼 거예요.

글씨로 쓰지 않아도 괜찮아요. 그림이나 기호, 또는 아무 모양이나 그려도 좋아요.

색칠을 해도 좋아요.

3. 스트레스 비행기 접기

종이비행기를 접는 법을 알려주고 같이 접게 합니다.

이제, 우리가 쓴 종이를 천천히 접어서 종이비행기를 만들어 볼 거예요.

비행기 접는 것을 잘 모르는 친구는 선생님하고 같이 해요.

종이가 하늘을 가를 멋진 비행기가 되도록 조심스럽게 접어주세요.

4. 스트레스 비행기 날리기

야외나 실내의 넓은 공간에서 신호에 따라 비행기를 날리게 합니다.

> 자, 다 같이 비행기를 들고 깊게 숨 한 번 쉬어 볼까요?
> 우리가 가지고 있던 그 속상한 감정과 걱정, 스트레스를
> 비행기에 실어서 저 멀리 하늘로 날려 보내는 거예요.
> 내 마음의 고민이나 스트레스도 같이 날려 보내요.
> 하나, 둘, 셋! 비행기를 힘껏 날려 보내요.

5. 마무리하기

날아가는 비행기를 보면서, 마음의 스트레스도 날려보도록 유도합니다.
그 자리에서 호흡을 한 번 하고 마무리합니다.

> 날아가는 비행기를 보면서, 우리의 스트레스도
> 비행기와 함께 멀리 날아가고 있다고 상상해 봐요.
> 내 마음도 한결 가벼워지고, 상쾌해졌어요.
> 다시 한 번 깊게 숨을 쉬어 볼까요?
> 이제 스트레스가 사라지고, 마음이 훨씬 편안해진 걸 느껴보세요.

6. 느낌과 생각 나누기

자리에 돌아와 앉아서, 느낌과 생각을 나눕니다.

자, 이제 느낌과 생각을 나누어 볼까요?

지도 팁

– 자신이 쓴 스트레스 비행기의 내용은 아무도 보지 않는다는 것을 알려줍니다.

– 비행기를 날릴 때 스트레스가 날아가는 느낌을 갖도록 유도합니다.

2.

타인에게 마음을 여는
공감 명상

공감 명상은 타인에 대한 이해와 따뜻한 감정을 증대시키는 명상입니다. 이는 자비심을 고양하여 개인의 내적 평화뿐만 아니라, 대인관계에서도 긍정적인 변화를 촉진합니다. 또한 공감 명상은 불안, 스트레스, 우울감을 줄이는 데 효과적입니다. 개인의 정신적 웰빙과 사회적 관계의 질을 향상할 수 있습니다.

어린이 공감 명상은 스스로와 타인을 위한 자비심과 사랑의 감정을 키우는 데 중점을 둡니다. 이는 개인의 감정적 치유와 정서 지능 향상에 도움이 됩니다. 공감 명상을 다른 명상 기법과 결합하여 수행해도 좋습니다. 일상에서도 지속적으로 공감 명상을 하면, 어린이들에게 긍정적인 변화를 가져올 수 있습니다.

지금, 아이와 시작하는 통합명상

● 자애 명상

자애 명상

□ **대상 연령:** 전 연령

□ **기대 효과**

1. 자기 수용과 자기 긍정의 회복

2. 공감 능력과 타인에 대한 친절성 향상

3. 정서적 안정과 부정적 감정의 정화

□ **지도 중점**

1. 시각화와 상상력을 활용하기

어린이에게는 추상적인 개념보다 구체적 이미지가 도움이 됩니다.

예: "마음속에 따뜻한 빛이 번져 나가며 친구를 감싸요."

2. 다른 존재로 확장하는 단계적 구조

자기 → 가족 → 친구 → 모든 사람 → 동물과 자연 → 세상 전체로 확장해 가며 자애의 폭을 넓히게 지도합니다.

---

3. 지도 팁

① 짧고 반복적인 명상 문구 사용. "나와 친구가 행복하길 바라요.", "모든 이가 건강하길 바라요." 등 짧은 문구를 부드럽게 반복하게 합니다.

② 몸의 감각과 함께 느끼기. 손을 가슴에 올리고 따뜻함을 느끼거나, 숨을 내쉴 때 '사랑을 보낸다'는 식으로 신체 감각과 결합시키면 집중이 높아집니다.

③ 이야기나 놀이와 결합. '마음의 햇살 보내기', '사랑의 파동 그리기', '행복 씨앗 던지기' 등의 놀이형 자애 명상은 아이들의 몰입을 높입니다.

④ 명상 후 나누기 시간을 갖기. 명상 후 "누구에게 사랑을 보내고 싶었나요?", "어떤 기분이 들었나요?" 같은 대화로 감정을 언어화하도록 이끌어 주세요.

⑤ 지도자의 태도: 따뜻한 모델링. 아이들은 말보다 표정과 기운으로 배웁니다. 지도자가 부드럽고 안정된 마음으로 진행하는 것이 가장 큰 교육입니다.

□ **지도 중점**

1. 자애 명상은 자기 자신에 대한 사랑으로부터 시작합니다.

2. 이어서 사랑하는 이에게, 중립적인 사람에게, 미운 사람에게 연속적으로 사랑을 보냅니다.

3. 미운 사람에게도 보내는 것을 어려워할 수 있으니 편하게 용서 등을 유도하되 강요하지는 않습니다.

자애 명상

□ **명상 안내**

1. 시작하기

가슴 중앙에 양손을 맞대고, 눈을 감고, 호흡을 깊게 2~3번 유도합니다.

얼굴에 미소를 떠올리고 사랑이나 행복을 느끼게 합니다.

> 이제 자애 명상을 같이 할 거예요.
>
> 사랑의 마음과 에너지를 먼저 나에게 보내고,
>
> 사랑하는 아빠, 엄마, 가족들에게 보내고,
>
> 모든 사람, 생명에게 보내고, 마지막으로 미워하는 사람들에게도 보낼 거예요.
>
> 나와 다른 사람들에게 사랑의 마음을 보내는 자애 명상은
>
> 우리 모두를 더 행복하게 해줘요.

2. 자애 명상

편안하게 앉아서 눈을 감게 하고 자애 명상을 유도합니다.

> 나에게 사랑하는 마음의 에너지를 보냅니다.
>
> 내가 항상 건강하기를
>
> 내가 사랑받는 사람이 되기를

내가 지혜로운 사람이 되기를

내가 항상 행복하기를

이제 사랑하는 사람을 떠올리고, 사랑하는 마음의 에너지를 보냅니다.

아빠, 엄마와 우리 가족이 항상 건강하기를

아빠, 엄마와 우리 가족이 항상 사랑하고 화목하기를

아빠, 엄마와 우리 가족이 항상 지혜롭기를

아빠, 엄마와 우리 가족이 항상 행복하기를

이제 모든 사람, 모든 생명들에게 사랑하는 마음의 에너지를 보냅니다.

모든 생명이 건강하기를

모든 생명이 사랑하기를

모든 생명이 지혜롭기를

모든 생명이 행복하기를

내가 싫어하는 사람, 미워하는 사람도 용서하고,

사랑하는 마음의 에너지를 보내봐요.

그 사람도 건강하기를

그 사람도 사랑받는 사람이 되기를

그 사람도 지혜로운 사람이 되기를

그 사람도 행복하기를

3. 마무리하기

호흡을 2~3회 한 후, 눈을 뜨고 느낌과 생각을 나눕니다.

천천히 숨을 들이마시고, 내쉬어요. 다시 한 번 숨을 들이마시고, 내쉬어요.

깊게 숨을 들이마시고, 내쉬어요. 이제 눈을 뜨세요. 마음에 어떤 느낌이 있나요?

느낌과 생각을 나누어 볼까요?

누구에게 사랑을 보내고 싶었나요? 어떤 기분이 들었나요?

지도 팁

– 짧고 반복적인 유도 문구를 사용하는 것이 좋습니다.

– 마음으로 사랑과 자애를 느낄 수 있는 자신만의 문구를 사용해도 좋습니다.

– 부드럽고 친절한 마음과 문장으로 유도합니다.

● 감사 명상
━━━━━━━

감사 명상

□ **대상 연령:** 전 연령

□ **기대 효과**

1. 긍정적 정서의 확장과 행복감 증가

2. 타인에 대한 존중과 관계 회복

3. 부정적 감정과 스트레스 조절 능력 향상

□ **지도 중점**

1. 감사는 긍정의 힘을 키워주고, 스트레스를 줄이고 마음을 편안하게 합니다.

2. 물건 하나를 제시하고, 돌아가면서 그 물건에 고마운 점, 물건에 대한 칭찬 등을 말하게 합니다.

3. 감사의 대상과 내용을 구체적으로 느끼게 합니다.

감사 명상

□ **명상 안내**

1. 시작하기

앉아서, 호흡을 2~3회 합니다.

> 모두 편안하게 자리에 앉아요. 천천히 숨을 들이마셨다가 내쉬어요.
>
> 한 번 더, 깊게 들이마시고, 천천히 내쉬어요.
>
> 몸과 마음이 점점 더 편안해지고 있음을 느껴봐요.

2. 사물에 감사하기

사물 하나를 떠올리고, 돌아가면서 왜 고마운가를 말합니다.

2~3번 다른 사물로 반복해서 진행합니다.

> 이제, 우리 곁에 있는 소중한 사물들을 생각하고,
>
> 무엇이 고마운가를 말해볼 거예요.
>
> 우리 주위를 둘러보면 꼭 사람이 아니더라도,
>
> 우리를 돕고 행복하게 해주는 것들이 참 많아요.
>
> 먼저 연필을 생각해 볼까요.
>
> 차례로 돌아가면서 연필의 고마운 점, 칭찬하고 싶은 점을 말해볼 거예요.

모두가 돌아가며 한 번씩 이야기할 거에요.

한 친구가 말할 때는 조용히 잘 들어주는 거에요.

이제 첫 번째 친구부터 시작해 볼게요.

3. 마무리하기
감사하는 마음에 대하여 생각하게 하고, 느낌과 생각을 나누며 마무리합니다.

나를 도와주는 사람만이 아니라,

물건들에도 감사하는 마음을 갖고 살아가는 어린이가 되어요.

감사하는 마음은 나의 마음을 아름답게 하고, 행복하게 해요.

감사하는 마음에 대해서 같이 이야기를 나누어 볼까요?

지도 팁

– 단순히 말로 감사하는 것만이 아니라, 따뜻한 감사의 마음과 몸의 감각을 느끼게 합니다.

● 공감 명상

공감 명상

□ **대상 연령:** 전 연령

□ **기대 효과**

1. 타인의 감정에 대한 이해와 사회적 인지 능력 향상

2. 공감적 소통 능력 향상

3. 정서적 안정과 스트레스 해소

□ **지도 중점**

1. 다양한 사물이나 자연, 사람 등이 되었다고 상상하며 느끼는 명상입니다.

    – 의자, 책, 나무, 주전자, 꽃 등

2. 어린이들이 느낀 점을 자유롭게 말하도록 지지해 줍니다.

3. 어린이들의 공감 능력과 상상력이 향상됩니다.

□ **명상 안내**

1. 시작하기
눈을 감고 호흡을 2~3회 하고 마음을 고요하게 합니다.

눈을 감고, 천천히 숨을 깊게 들이마시고 내쉬어요. 한 번 들이마시고 내쉬어요.

2. 사물이 되어 느끼기
마음속으로 사물이 되었다고 상상해 보게 합니다.

이제 마음속으로 의자가 되었다고 상상해 봐요. 나는 의자가 되었어요.
나는 어떤 모습일까요? 어디에 놓여 있을까요? 내 몸은 딱딱할까요, 부드러울까요?
의자인 나의 몸을 느껴봐요.

3. 사물로서 느끼기
내가 사물이 되어 주변을 느껴보게 합니다.

누군가가 나에게 다가오면 어떤 느낌이 들까요?
누가 내 위에 앉으면 어떤 느낌이 들까요?

다른 사람들이 날 어떻게 대하는지 느껴보아요.

내 주위엔 무슨 일이 일어나고 있을까요? 내가 의자가 되니, 어떤 기분이 드나요?

4. 마무리하기

다시 내 모습으로 돌아와, 호흡을 2~3회 합니다.

이제 다시 내 모습으로 돌아오세요. 천천히 숨을 들이마시고, 내쉬어요.

다시 들이마시고, 내쉬어요. 이제 눈을 천천히 뜨세요.

5. 느낌과 생각 나누기

내가 의자가 되어보니, 그때 어떤 기분이 들었어요?

느낌과 생각을 같이 나누어 볼게요.

오늘 사물이 되어보니 어떤 마음이 느껴졌나요?

그 마음을 느꼈을 때 어떤 기분이 들었나요?

지도 팁

- 구체적인 감각으로 사물의 입장이 되어볼 수 있도록 공감을 유도합니다.

- 사물과 공감하는 감정을 질문을 통하여 유도합니다.

3.

내면의 다짐을 세우는
어린이 산칼파 명상

산칼파 명상은 '긍정적이고 선한 다짐'이나 '마음의 약속'을 세워보는 인도 전통 명상입니다. 어린이 산칼파 명상은 자신의 꿈, 바람, 약속을 마음속에 선명하게 그려보고, 그 다짐을 마음에 새기는 명상입니다. 좋은 마음의 씨앗을 심는 확언 명상으로, 어린이의 자기 확신, 긍정심, 목표 의식을 길러줍니다.

어린이 산칼파 명상

□ **대상 연령:** 고학년

□ **기대 효과**

1. 긍정적 자기 이미지 형성

2. 집중력과 의지력 강화

3. 정서적 안정과 내면의 중심 강화

□ **지도 중점**

1. 산칼파를 설명해 주고 자신의 바람이나 소망 등을 한 문장으로 정하게 합니다.

2. 자신의 의도, 다짐이 이루어진 것처럼 상상하도록 합니다.

3. "나는 사랑받고 있어요", "나는 평화로워요"처럼 짧고 현재형의 문장을 사용합니다.

4. 가슴 중앙에 손을 얹고, 숨을 내쉴 때 산칼파를 마음으로 느끼며 반복합니다.

5. 산칼파는 단순한 암송이 아니라, 마음속에서 진심의 말을 찾는 과정임을 강조합니다.

□ **명상 안내**

1. 산칼파 정하기

산칼파에 대하여 설명하고, 자신의 바람, 다짐 등을 한 문장으로 정하도록 합니다.

지금, 아이와 시작하는 통합명상

어린이 산칼파 명상

자, 이제 산칼파 명상을 해볼 거예요. 산칼파 명상은 인도 명상으로,

자신의 다짐이나 바람 등을 마음에 새기는 명상이에요.

좋은 마음의 씨앗을 심는 것 같은 거예요.

내가 이루고 싶은 바람, 혹은 내가 어떤 사람이 되고 싶은지 생각해 보아요.

그리고, 이루고 싶은 바람이나 다짐을 이미 이루어졌다는 뜻을 담은

완성형 문장으로 정해봐요.

예를 들어,

"나는 용기가 가득해요", "나는 친구들에게 친절해요",

"나는 햇살처럼 밝아요"처럼 짧고 쉬운 문장이면 좋아요.

2. 시작하기

편하게 앉아서, 눈을 감고, 호흡을 2~3회 합니다.

이제 편하게 앉아 보세요. 눈을 감고 어깨와 온몸의 힘을 살짝 풀어줍니다.

천천히 숨을 들이마시고 길게 내쉬어요. 다시 한 번 숨을 깊게 들이마시고,

내쉬어요. 한 번 더 숨을 들이마시고 내쉬어요.

3. 마음에 산칼파 심기

산칼파 문장을 마음속으로 세 번 천천히 말하게 합니다.

손을 가슴 정중앙 위에 얹어 보세요.

이제 내가 정한 다짐을 마음속으로 또박또박 세 번 말해볼 거예요.

내 다짐의 말이 마음에 스며든다고 상상해 보세요.

내 마음속에 그 다짐이 작은 씨앗처럼 심어지는 걸 상상해 보세요.

4. 이루어짐을 느끼기

내가 다짐한 것이 이루어진 모습을 상상하게 합니다.

내 다짐이 이루어진 모습을 상상해 봐요.

내 다짐(산칼파)이 내 마음속에 씨앗처럼 심겨 있다고 생각해 봐요.

이 씨앗이 점점 자라나서 예쁜 꽃으로 피어날 거예요.

그 모습을 생각하면서 행복해지고 따뜻해지는 기분을 느껴보세요.

앞으로 나의 다짐, 산칼파를 항상 마음속에 담고 생활하는 거예요.

5. 마무리하기

호흡을 2~3회 하고, 눈을 뜨고 마무리합니다.

이제, 천천히 숨을 들이마시고 내쉬어요.

다시 한 번 깊게 숨을 들이마시고 내쉬어요.

눈을 뜨고, 천천히 움직이세요.

6. 느낌과 생각 나누기

명상을 끝내고, 자신의 다짐 등에 대한 느낌과 생각을 나눕니다.

느낌과 생각을 같이 이야기해 볼까요? 내 다짐은 무엇이었나요?

명상을 하면서 어떤 기분이 들었어요?

내 마음의 씨앗은 어떤 말이었나요?

그 말을 마음에 심으니 어떤 기분이 들었나요?

지도 팁

– 유도하는 언어는 부드럽고 명확하게, 느리면서도 확신 있게 전달합니다.

– 명상 후 나눔을 통해 자기표현과 내적 통찰을 자연스럽게 연결합니다.

– 하루 잠깐이라도 꾸준한 반복으로 실천하도록 강조합니다.

4.

놀이처럼 즐기는
감정 표현 명상

놀이처럼 즐기는 감정 표현 명상은 쉽고 재미있게 자신의 감정을 이해하고, 타인과 공감하는 명상입니다. 마음의 날씨를 살피며 '오늘 내 마음은 어떤 하늘일까?'를 느껴보고, 엄지척 마음 나누기로 친구의 기분에 공감하며 따뜻함을 전합니다. 또 마음의 색채 명상에서는 감정을 색으로 표현하며 말로는 다 하지 못한 마음을 부드럽게 풀어냅니다. 놀이 속에서 웃으며 익힌 이 마음의 언어가 아이의 마음을 더욱 따뜻하게 하여 줍니다.

● 마음 날씨 알아보기

마음 날씨 알아보기

□ **대상 연령:** 전 연령

□ **지도 중점**

1. 어린이들이 각자의 감정을 날씨에 비유하게 합니다.

2. 왜 이런 날씨를 골랐는지 서로 이야기를 나누게 합니다.

3. 자신의 감정 상태를 이미지로 표현함으로써 감정의 이해와 수용을 돕습니다.

4. 마음 날씨를 그림으로 그리게 하는 것도 좋은 방법입니다.

□ **명상 안내**

1. 시작하기

편안하게 앉아서, 호흡을 2~3회 합니다.

> 자, 편안하게 자리에 앉아주세요. 손은 무릎 위에 올려놓고, 눈을 감아요.
>
> 이제 천천히 숨을 들이마시고, 내쉬어 봐요.
>
> 한 번 더, 깊게 들이마시고, 천천히 내쉬어요.

마음 날씨 알아보기

2. 마음 날씨

마음의 기분이나 감정을 날씨에 비유하여 살펴보게 합니다.

이제 내 마음을 한 번 살펴볼 거예요.

오늘 내 마음은 어떤 날씨일까요?

아침에 일어났을 때 느낀 기분이 어땠나요?

혹시 마음이 맑고, 햇살이 비추는 날씨처럼 느껴졌나요?

아니면 구름이 낀 흐린 날 같았나요? 혹시 비가 내리는 것 같기도 했나요?

아니면 하늘에 무지개가 떴을까요?

내 마음의 날씨를 상상해 보고, 그 느낌을 느껴봐요.

3. 마음 날씨 이야기하기

자신이 느낀 마음 날씨와 그 이유를 서로 이야기합니다.

이제 자신의 마음 날씨와 이유를 같이 말해볼까요? 돌아가면서 이야기해 봐요.

4. 마무리하기

1회 호흡하고, 감정 날씨의 의미를 이야기하면서 마칩니다.

지금, 아이와 시작하는 통합명상

마음 날씨 알아보기

이제 우리 함께 큰 숨을 한 번 더 들이마시고, 내쉬어요.

마음이 맑아도, 구름이 껴도, 비가 내려도, 모두 괜찮아요. 모든 날씨는 소중해요.

내 마음의 날씨를 떠올리고, "괜찮아"라고 말해주세요.

내 마음의 날씨를 마음으로 사랑스럽게 안아주세요.

● 엄지척! 마음 나누기
___

엄지척! 마음 나누기

□ **대상 연령:** 전 연령

□ **지도 중점**

1. 자기 자신이 오늘 잘했다고 생각하는 점을 한 가지씩 말하며 '엄지척!'을 합니다.

2. 서로의 이야기에 귀 기울이고, 서로를 칭찬해 줍니다.

3. 어린이들의 자존감이 올라가고, 자신의 감정을 긍정적으로 바라보는 효과가 있습니다.

□ **명상 안내**

1. 시작하기

편안히 앉아서, 호흡을 2~3회 합니다.

이제 모두 자리에서 편안하게 앉아 볼까요? 눈을 감고, 크게 숨을 들이마셔요.

그리고 천천히 내쉬어요. 다시 한 번 들이마시고 길게 내쉬어요.

2. 칭찬 생각하기

자신이 잘한 일을 떠올려 봅니다.

이제 나 자신을 칭찬하고, 친구들에게도 '엄지척' 마음을 전해볼 거예요.

오늘 내가 잘한 일이 무엇이 있을지 떠올려 볼까요? 아주 작은 일이어도 괜찮아요.

아침에 스스로 일어났던 일, 친구에게 웃으면서 인사했던 일,

다른 사람을 도운 일, 용기를 냈던 일 등을 생각해 봐요.

3. 엄지척!

스스로에게 엄지척! 하면서 칭찬합니다.

그 순간의 나에게 마음속으로 '엄지척!' 해 볼까요?

'엄지척!' 그리고 '나는 정말 멋져!',

'나는 할 수 있어!', '나는 소중해!'라고 마음속으로 말해줘요.

4. 친구에게 엄지척!

친구의 잘한 일을 떠올리고, '엄지척!'하며 칭찬합니다.

이제 친구들도 한 명씩 떠올려봐요. 그 친구가 했던 멋진 일,

친절했던 순간을 떠올려 봐요. 마음속으로 그 친구에게도 '엄지척!' 해 주세요.

'엄지척!' 그리고 '너 정말 멋져!', '너 정말 잘했어!', '너는 좋은 친구야!'라고

조용히 칭찬해 줘요. 이렇게 나도 칭찬하고, 친구도 칭찬하는 우리의 마음이

따뜻해지는 걸 느껴보세요.

5. 마무리하기

호흡을 1회 하고, 엄지척! 하면서 마무리합니다.

이제, 숨을 크게 들이마시고, 천천히 내쉬어요. 눈을 천천히 뜨세요.

서로서로 칭찬하고, 따뜻한 마음이 되었어요.

이제 다 같이 모두에게 '엄지척!' 해보아요.

'엄지척!'

마음의 색채 명상

마음의 색채 명상

□ **대상 연령**: 전 연령

□ **지도 중점**

1. 아이가 좋아하는 색을 이미지화하여 몸과 마음을 이완하는 명상입니다.
2. 긍정적 이미지 형성과 자기 감정을 수용하는 효과가 있습니다.

□ **명상 안내**

1. 시작하기

편안히 앉아서 호흡을 2~3회 하며, 마음을 고요하게 합니다.

자, 모두 조용히 앉아서 두 눈을 살짝 감아볼까요?

들숨과 날숨을 천천히 쉬면서 마음을 고요하게 해보아요.

몸과 마음 모두를 편안하게 합니다.

숨을 들이마시고, 천천히 내쉬어요. 다시 한 번 천천히 들이마시고, 내쉬어요.

마음의 색채 명상

2. 색채 명상

색을 이미지로 떠올리고, 몸과 마음으로 퍼져가는 것을 상상하게 합니다.

> 이제 우리 마음속에 아주 예쁜 색들을 떠올려 볼 거예요.
>
> 먼저, 파란 하늘처럼 맑고 시원한 파란색을 생각해 봐요.
>
> 파란색 빛이 내 몸에 가볍게 내려앉는 걸 느껴보세요.
>
> 파란색이 내 마음을 시원하게, 편안하게 하는 것을 느껴봐요.
>
> 이번에는 따뜻한 햇살처럼 노란색을 떠올려 봐요.
>
> 노란색 빛이 내 마음에 환하게 퍼져요. 기분이 밝아지고,
>
> 내 마음도 환해지는 걸 느껴보세요.
>
> 이제 나뭇잎처럼 평화로운 초록색을 떠올려 봐요.
>
> 초록색 빛이 내 마음을 부드럽고 편안하게 감싸줍니다.
>
> 이번에는, 내가 가장 좋아하는 색깔을 떠올려 보세요.
>
> 그 색깔이 내 몸과 마음을 가득 채워주고, 기분이 더 좋아지는 걸 느껴요.
>
> 몸과 마음이 점점 더 편안해져요. 몸과 마음이 점점 더 편안해집니다.

3. 마무리하기

색들을 다시 한 번 느끼고, 호흡을 3회 하면서 마무리합니다.

지금, 아이와 시작하는 통합명상

마음의 색채 명상

여러 색이 마음 안에서 알록달록 빛나고,

나를 따뜻하게 감싸주는 걸 충분히 느껴보아요.

이제 다시 숨을 깊게 들이마시고, 내쉬어요. 다시 한 번 깊게 들이마시고,

내쉬어요. 마지막으로 숨을 깊게 들이마시고, 천천히 내쉬어요.

이제 천천히 눈을 뜨고 움직여요.

6부

어린이 요가 명상

요가는 단순한 신체 운동이 아닙니다. 기본적으로 호흡, 자세(아사나) 그리고 집중과 자각을 중시합니다. 요가 명상은 몸과 마음을 통합하여 몸의 건강과 마음의 고요함을 찾게 합니다. 어린이 요가 명상은 어린이들이 신체적, 정서적으로 건강하게 성장할 수 있도록 도와줍니다. 간단한 요가 동작, 호흡, 명상을 통해 주의력과 집중력이 높아지고, 스트레스 해소에도 효과가 있습니다. 또한 자신을 이해하고 감정을 조절하는 힘을 기를 수 있습니다.

어린이 요가 명상 파트는 어린이 요가 니드라와 차크라 보석 나무 명상으로 구성되어 있습니다. 요가 니드라는 이완과 자각을 중심으로 하는 명상입니다. 평소에 쌓인 긴장과 스트레스를 해소하여 깊은 휴식과 이완을 경험할 수 있고, 자각의 힘도 키울 수 있습니다. 차크라 보석 나무 명상은 우리 몸의 에너지 센터인 차크라를 각성하여, 몸, 에너지, 마음을 통합하는 명상입니다. 어린이를 위한 차크라 요가 명상은 신체뿐만 아니라 내적, 외적 에너지를 높여줍니다.

지금, 아이와 시작하는 통합명상

1.

휴식과 자각을 위한 어린이 요가 니드라 명상

요가 니드라는 내적인 자각이 있는 깊은 이완 명상입니다. 몸과 마음을 이완하고, 자각을 명료하게 하는 명상입니다. 안내에 따라 소리, 감각, 이미지를 떠올리며 집중하는 훈련이 이루어집니다. 어린이를 위한 요가 니드라는 성인을 위한 전통적인 요가 니드라를 어린이에게 맞게 바꾼 것입니다. 몸의 이완, 자각, 호흡 인식, 심상 등을 통한 유도 명상으로 진행됩니다. 특히 신체 감각을 하나하나 인식하고 천천히 풀어주는 과정이 긴장을 효과적으로 줄여줍니다. 느린 호흡, 온몸 이완, 따뜻한 심상 등으로 불안, 긴장, 두려움 같은 감정이 부드럽게 완화됩니다. 신체 각 부위와 내면 상태를 차분히 관찰하는 과정에서 자각의 힘이 강해집니다.

어린이 요가 니드라 명상

□ **대상 연령:** 전 연령

□ **기대 효과**

1. 깊은 이완과 휴식

2. 감각 자각의 힘 향상

3. 긍정적 정서와 자존감 증진

4. 집중력 및 상상력 향상

5. 심신의 건강 증진

□ **지도 중점**

1. 편안하게 눕도록 합니다.

2. 명상 진행 중 되도록 뒤척이거나 움직이지 않도록 합니다.

3. 잠에 들지 않도록 하되, 잠든 어린이는 깨우지 않습니다.

4. 녹음 파일을 활용합니다.

□ **명상 안내**

지금, 아이와 시작하는 통합명상

어린이 요가 니드라 명상

1. 시작하기

요가 니드라를 설명하고, 자리에 누워서 편안하게 호흡하도록 유도합니다.

여러분! 지금부터 깊은 휴식으로 여행을 떠날 거예요.

요가 니드라는 몸은 잠든 것처럼 깊이 쉬고,

마음은 깨어 있는 특별한 명상이에요.

바닥에 등을 대고 편안하게 누워보세요. 팔은 골반 옆에 편안하게 두고,

손바닥은 천장을 향하게 합니다. 다리는 편안하게 뻗고, 발은 바깥쪽으로

살짝 벌려주세요.

고개를 살짝 들어 내 몸이 일직선이 되었는지 느껴보세요.

눈을 살포시 감고, 깊고 편안한 숨을 들이마시고 내쉽니다.

들이마시고, 내쉬고, 한 번 더 들이마시고 내쉬어요.

2. 감각 집중 유도하기

이제 내 귀에 집중해 봐요. 소리가 들려와요.

큰 소리, 작은 소리, 멀리서 들리는 소리, 가까이서 들리는 소리…

갖가지 소리를 가만히 들어보세요.

제일 크게 들리는 소리를 찾아보세요.

잠시 멈추고 소리를 듣는 시간을 줍니다.

이번에는 가장 작게 들리는 소리를 찾아보아요.

잠시 멈추고 소리를 듣는 시간을 줍니다.

그리고 이제 두 소리를 동시에 들어보아요.

3. 산칼파 (의도)

지금부터 나의 마음에 의식을 집중해 보세요.

마음속으로 자신의 바람이나 의지 등을 말하도록 합니다.

마음속으로 '나는 지금 마음이 편안해', '나는 다 잘할 수 있어!'

'나는 소중해', '모두 나를 소중하게 생각해' 등의 문장을 세 번씩 말해 보세요.

잠시 멈추고 시간을 줍니다.

이제 각자 간절히 바라는 소원이나 꿈이 있다면 그것을 떠올려볼 거예요.

우리 가족 또는 친구의 이야기가 아니라,

나에게 일어나길 바라는 소원을 떠올려보세요.

그리고 속으로 그것을 말해봐요! 그것은 꼭 이루어질 거예요!

그 소원은 꼭 이루어질 것입니다.

이것은 우리의 마법 주문이에요.

4. 몸의 자각 순환

몸을 차례대로 자각하도록 유도합니다.

이제 반짝이는 별빛이 여러분의 몸을 하나씩 비출 거예요.

별빛이 닿는 몸의 부위를 느껴봐요.

별빛이 비치는 곳은 아주 편안해지고 따뜻해질 거예요.

몸의 오른쪽을 가만히 느껴보아요.

얼굴의 오른쪽, 몸통의 오른쪽, 오른쪽 다리…

별빛이 오른손 손가락들을 비춥니다. 손바닥, 손목, 팔, 어깨를 비춰요.

오른쪽 허벅지, 무릎, 다리…

오른쪽 엄지발가락, 다른 발가락들, 발바닥, 발등, 발목을 비춰요.

불빛이 서서히 몸의 왼편으로 옮겨집니다.

이번엔 몸의 왼쪽을 느껴봅니다. 얼굴의 왼쪽, 몸통의 왼쪽, 왼쪽 다리…

왼쪽 손가락들을 하나하나 비추어요.

손바닥, 손목, 팔, 어깨… 왼쪽 허벅지, 무릎, 종아리를 비춰요.

발가락들, 발바닥, 발등, 발목, 발가락 열 개.

내 몸의 뒷면으로 별빛이 옮겨갑니다. 내 등 전체가 별빛으로 따뜻해져요.

이번엔 몸의 앞면으로 이동합니다.

배꼽, 가슴, 목, 턱, 뺨, 코, 이마를 지나 머리 꼭대기까지 별빛이 비쳐요.

이제 온몸이 마법의 별빛으로 반짝반짝 빛나고 있어요.

나의 온몸은 별빛으로 환하게 빛나고, 내 몸은 따뜻해집니다.

내 온몸이 편안하고 따뜻해집니다.

5. 호흡 자각

호흡을 배가 늘어나고 줄어드는 감각으로 자각하게 합니다.

코끝으로 집중을 옮겨봅니다.

숨을 들이마시고 내쉬면서, 배가 풍선처럼 늘어나고 줄어드는 것을 느껴보세요.

들이마실 때는 배가 풍선처럼 부풀고, 내쉴 때는 다시 가라앉아요.

숨을 들이마시고 내쉬고, 하나, 또 들이마시고 내쉬고,

둘, 들이마시고 내쉬고, 셋, 들이마시고, 내쉬고, 넷, 다시 들이마시고 내쉽니다.

다섯. 이렇게 천천히 숫자 10까지 속으로 세어볼 거예요.

6. 상반된 느낌 경험

서로 반대되는 느낌을 경험하게 합니다. 느낄 수 있는 시간을 주고 천천히 유도합니다.

지금부터 아주 무거운 돌을 업고 있다고 상상해 보세요.

내 몸만큼 커다란 돌입니다. 그 무거운 돌을 등에 업고 있다고 상상해 보아요.

어린이 요가 니드라 명상

내 몸이 바닥으로 빨려 들어갈 것 같은 느낌을 느껴보세요.

무거운 돌을 업은 내 몸도 아주 무겁게 느껴집니다.

내 몸처럼 무겁습니다. 아주 무거워요.

이번엔 내 몸이 깃털처럼 가벼워졌다고 상상하고 느껴봐요.

내 몸에 원래 무게가 없었던 것처럼 아주 가볍게 느껴져요.

내 몸이 점점 가벼워집니다. 아주 가벼워요. 내 몸이 가볍습니다.

이제 정상적인 원래 내 무게로 돌아오세요.

다시 내 몸의 느낌으로 돌아옵니다.

이번엔 내 몸이 아주 뜨거워집니다.

한여름 뜨거운 태양 아래 서 있다고 상상해 보세요.

태양은 내 머리를 뜨겁게 합니다. 내 온몸은 뜨거운 열기로 점점 달아오르고,

몸에서 땀이 나기 시작합니다.

내 온몸이 뜨거워집니다. 내 온몸이 뜨거워집니다. 내 온몸이 뜨거워집니다.

이제 차가운 느낌을 떠올립니다. 차가운 느낌, 차가운 느낌.

한겨울 바깥은 모두 꽁꽁 얼어붙었어요.

신발도 없이 나간 나의 모습을 상상해 봐요.

발끝이 시려지고, 온몸에 닭살이 돋습니다.

내 온몸이 차가워집니다. 내 온몸이 차가워집니다. 내 온몸이 차가워집니다.

이제 내 정상적인 몸의 느낌으로 돌아옵니다.

내 몸의 느낌은 편안합니다.

7. 산칼파 (의도)

앞서 했던 산칼파를 다시 한 번 깊은 명상 의식 상태에서 반복하게 합니다.

이제 아까 떠올렸던 소원이나, 이루어지길 바라는 꿈이 있다면

그것을 떠올려볼 거예요.

우리 가족 또는 친구의 이야기가 아니라

나에게 일어나길 바라는 소원을 떠올려봅니다. 그리고 속으로 그것을 말해봐요!

그것은 꼭 이루어질 거예요! 그 소원은 꼭 이루어질 것입니다.

8. 마무리

몸을 자각하면서 몸을 움직이며 마무리합니다.

이제 깊은 휴식 여행이 끝나갑니다. 요가 니드라가 끝나갑니다.

눈을 뜨지 않은 상태로 주의 깊게 주변의 소리를 들어보세요.

주변을 떠올려 보아요.

천장은 어떤 색이었나요? 벽에는 어떤 모양이 있었나요?

내 옆에는 누가 있었는지 눈을 뜨지 않고 떠올려 보세요.

그리고 크게 숨을 쉬면서 몸이 들썩거리도록 합니다!

이제 천천히 손가락과 발가락을 살짝 움직여보세요.

팔과 다리를 쭉 뻗어 기지개를 켜보세요. 깊게 숨을 들이마시고... 내쉬고...

이제 눈을 살포시 떠보세요.

자, 몸을 오른쪽으로 돌려 잠시 휴식하고, 천천히 일어나 앉아보세요.

9. 느낌과 생각 나누기

느낌과 생각을 함께 나눕니다.

니드라 요가를 하면서 느꼈던 느낌이나 생각이 있으면 이야기해 볼까요?

지금 기분은 어때요?

누가 이야기해 볼까요?

지도 팁

– QR코드를 이용해 통합명상협회의 오디오 파일을 활용하세요.

– 익숙하신 분은 책의 문안을 직접 읽으면서 유도하셔도 좋습니다.

– 직접 유도하실 때는 천천히 부드럽게 본인도 느끼면서 하시면 좋습니다.

2.

에너지 중심을 여는
차크라 보석 나무 요가 명상

차크라(Chakra)는 인도 전통 요가와 명상에서 사용하는 개념으로, 우리 몸에 존재하는 에너지 센터입니다. 각 차크라는 신체 부위, 정신, 감정의 상태와 연결되어 있다고 합니다. 각 차크라가 균형과 조화를 이루면 신체적, 정신적, 영적으로 더욱 건강해집니다. 어린이 차크라 보석 나무 요가 명상은 각 차크라의 상징 색과 아사나, 보석 나무 이미지를 활용하여 어린이들의 내적, 외적 에너지를 높이는 효과가 있습니다. 아이가 자신의 신체와 내면을 긍정적으로 바라보고, 감각 자각의 힘, 상상력, 집중력, 정서 균형, 자기 존중감을 두루 키울 수 있는 창의적이고 재미있는 명상 요가 활동입니다.

우리 몸의 에너지 센터, 일곱 차크라

1. **물라다라 차크라 (뿌리 차크라)**

   위치: 척추 가장 아래

   상징색: 빨간색

   기능: 생존, 안전, 본능, 안정감

2. **스와디스타나 차크라 (천골 차크라)**

   위치: 아랫배 (배꼽 아래)

   상징색: 주황색

   기능: 감정, 창조성, 성(性), 유연성

3. **마니푸라 차크라 (태양신경총 차크라)**

   위치: 명치

   상징색: 노란색

   기능: 의지력, 자기 통제, 자신감, 개인적인 힘

4. **아나하타 차크라 (가슴 차크라)**

   위치: 가슴 중앙

   상징색: 초록색

   기능: 사랑, 용서, 공감, 인간 관계

5. **비슛다 차크라 (목 차크라)**

   위치: 목 중앙

   상징색: 하늘색

   기능: 의사소통, 표현, 진실성

6. **아즈나 차크라 (제 3의 눈 차크라)**

   위치: 미간

   상징색: 남색

   기능: 직관, 통찰, 상상력, 지혜

7. **사하스라라 차크라 (왕관 차크라)**

   위치: 머리 꼭대기

   상징색: 보라색 또는 하얀색

   기능: 영성, 의식 확장, 신성과의 연결

● 에너지 중심을 여는 차크라 보석 나무 요가 명상

차크라 보석 나무 요가 명상은 아이들 내면의 빛을 키우는 소중한 여정입니다. 차크라 명상으로 아이들은 자신의 몸, 마음, 영혼의 조화를 느끼며 내면의 평화를 경험하게 됩니다. 뿌리 차크라에서 시작해 머리 위 왕관 차크라까지, 각 에너지 중심을 깨우며, 아이들은 몸과 마음의 에너지가 충만해져 갑니다. 각 차크라를 다양한 색, 빛, 보석, 나무 이미지로 떠올리면서, 시각적 상상력과 창의성도 증진됩니다.

에너지 중심을 여는 차크라 보석 나무 요가 명상

□ **대상 연령:** 전 연령

□ **기대 효과**

1. 몸과 마음의 에너지 활성화

2. 집중력과 감각 자각의 힘 향상

3. 스트레스 해소와 정서적 안정

4. 긍정적 정서와 자존감 향상

□ **준비물:** 요가 매트 또는 부드러운 담요

지금, 아이와 시작하는 통합명상

에너지 중심을 여는 차크라 보석 나무 요가 명상

□ **지도 중점**

1. 몸과 마음의 감각에 집중하고, 에너지의 흐름을 느끼고 상상할 수 있도록 유도하세요.

2. 동작을 할 때 무리하지 않고 안전하게 하도록 유의합니다.

3. 옆에서 같이 하면서, 긍정적 피드백으로 지지해 줍니다.

4. 각 차크라 아사나는 아이들의 수준에 따라 활용합니다.

5. 동작보다 색깔과 에너지의 느낌에 집중하도록 유도합니다.

□ **명상 안내**

1. 시작하기

내 몸의 에너지 센터인 각 차크라를 보석 나무로 비유하여 설명합니다.

우리 몸에는 에너지 센터인 일곱 차크라가 있어요.

각 차크라에는 우리 몸과 마음을 건강하게 하는 에너지가 있어요.

각 차크라에는 상징적인 색이 있는데, 마치 우리 몸의 보석 나무와 같아요.

우리 몸의 보석 나무와 같은 차크라의 에너지는 일곱 가지 빛으로 빛나고 있어요.

이제 발끝부터 머리까지, 차크라의 빛을 하나하나 밝혀볼 거예요.

튼튼한 뿌리, 출렁이는 에너지, 빛나는 태양 그리고 초록색 마음의 보석이

모두 한 그루 아름다운 보석 나무가 될 거예요.

에너지 중심을 여는 차크라 보석 나무 요가 명상

그러면 우리 몸과 마음의 에너지가 충만해져요.

이제 가볍게 눈을 감고, 몸과 마음에 따뜻한 에너지가 흐르는 걸 느껴봐요.

2. 차크라 에너지 준비 운동

몸을 풀어주는 동작을 합니다.

우리 몸의 차크라 에너지를 깨우기 전에, 몸을 부드럽게 풀어줄 거예요.

손가락, 발가락을 스트레칭합니다.

우리 손가락, 발가락 하나하나에 숨어 있는 에너지를 깨워볼까요?

꼭꼭 주물러주고 쭉쭉 늘려줘요.

목을 빙글빙글 돌립니다.

우리 목은 에너지가 흐르는, 아주 중요한 길목이에요.

목을 부드럽게 돌려서 머리부터 몸까지 에너지가 잘 흐르게 도와줘요.

호흡을 3회 합니다.

천천히 숨을 들이마시고, 내쉬어 봐요.

다시 한 번 더 숨을 들이마시고, 내쉬어요. 또 들이마시고 내쉬어요.

지금, 아이와 시작하는 통합명상

3. 일곱 빛깔 차크라 에너지 보석 나무

(1) 붉은색 에너지 보석 – 뿌리 깊은 나무처럼

자, 이제 붉은색 에너지를 느껴볼 시간이에요!
붉은색 에너지는 마치 나무의 뿌리처럼
우리를 튼튼하게 땅에 서 있게 해주는 힘이에요.

타다 아사나 (산 자세)

자리에서 일어나, 두 발을 땅에 붙이고,
나무처럼 느끼도록 합니다.

이제, 두 발을 땅에 꽉 붙이고
일어서 보세요.
눈을 감고, 나무와 같이 땅에 뿌리를

내리고 에너지를 느껴봐요.
발바닥으로 강한 에너지가 느껴지나요?
붉은색 에너지의 빛을 느껴봐요.

에너지 중심을 여는 차크라 보석 나무 요가 명상

잘 안 느껴져도 상관없어요. 생각하고 상상만 해도 돼요.

이제 내가 아주 커다란 나무가 되었다고 상상해 보세요.

바람이 불면 나뭇가지와 잎들은 살랑살랑 흔들리지만,

뿌리는 땅속 깊이 파고들어 있어서 절대 넘어지지 않아요!

바람에 흔들려도 뿌리는 굳건한 나무와 같은 내면의 중심을 느껴봐요.

아래의 자세를 따라할 수 있는 어린이는 요가의 나무 자세를 취해도 좋습니다.

브룩샤 아사나 (나무 자세)

지금, 아이와 시작하는 통합명상

(2) 주황색 에너지 보석 – 나비의 즐거움 (2번 스와디스타나 차크라)

이제 눈을 뜨고 자리에 앉으세요.

다음은 주황색 에너지예요! 주황색은 즐겁고 신나는 에너지를 나타내요.

우리 나비처럼 예쁘게 움직여 볼까요?

받다코나 아사나 (나비 자세)

바닥에 앉아 두 발바닥을 맞대고,
무릎을 양 옆으로 벌린 나비 자세를
취하게 합니다.

두 발바닥을 붙이 고 앉아서 무릎을 활
짝 열어보세요.

마치 나비가 날개를 펼친 것처럼요! 살랑살랑 무릎을 위아래로 움직여봐요.

이제 눈을 감고 무릎을 움직이면서, 나비가 되어 느껴봐요.

기분 좋은 주황색 에너지의 빛을 느껴봐요.

(3) 노란색 에너지 보석– 자신감 뿜뿜 (3번 마니푸라 차크라)

이번에는 우리 배꼽 주변에 있는 노란색 에너지를 느껴봐요.

이 노란색 에너지는 우리에게 자신감과 용기를 주는 힘이에요!

파스치모타나 아사나 (전굴 자세)

바닥에 앉아 두 다리를 앞으로 곧게 펴고, 상체를 앞으로 숙여 두 손으로 발끝을 잡는 전굴 자세를 취하게 합니다.

앉은 상태에서 다리를 앞으로 쭉 뻗고, 천천히 상체를 앞으로 숙여봐요.

두 손으로 발끝을 잡고, 몸을 할 수 있는 만큼만 천천히 앞으로 숙여봐요.

배꼽에 힘을 주면서, 배꼽 주변의 노란색 에너지의 빛을 느껴봐요.

잘 안 느껴져도 상관없어요. 그저 생각하고 상상만 해도 돼요.

앞으로 힘든 일을 만났을 때도 끈기 있게 해낼 수 있다는 자신감을 느껴보세요.

에너지 중심을 여는 차크라 보석 나무 요가 명상

다누라 자세 (활 자세)

일어나 바닥에 엎드려 무릎을 굽힌 후 손으로 발목을 잡아 몸이 활처럼 휘도록 활 자세를 취하게 합니다.

이제 배가 바닥에 닿도록 엎드려 보세요.

팔꿈치는 옆으로 두고, 두 손등을 살포시 포개

오른쪽 뺨을 대어 편안하게 숨 쉬어봅니다.

깊은 숨을 마시고 내쉬면서 배꼽이 바닥을 누르는 힘을 느껴보세요.

이제 배꼽을 강하게 누르면서 두 발과 손이 서로 만나도록 해볼까요?

두 손으로 발목을 잡고 몸이 활처럼 휘게 해보세요.

할 수 있는 만큼만 하는 거예요.

이제 눈을 감고, 배의 노란색 에너지의 빛을 상상해 보세요.

마음이 몸에 힘을 주고, 몸과 마음이 하나가 되어,

힘있는 노란색 에너지를 하늘 위로 쭉~ 보내 봅니다!

나는 아무리 힘들더라도 포기하지 않고 끝까지 해낼 거예요!

내 몸과 마음은 에너지가 충만해요.

에너지 중심을 여는 차크라 보석 나무 요가 명상

(4) 초록색 에너지 보석 – 사랑 가득 (4번 아나하타 차크라)

우리 가슴에는 따뜻한 초록색 에너지가 숨어 있어요!

이 에너지는 바로 사랑과 감사의 마음이에요.

가슴 중앙에 마음을 모으고, 초록색 보석과 같이 빛나는 마음을 느껴봐요.

여럿이 할 때는 등을 맞대고, 서로의 온기를 느끼도록 합니다.

친구와 등을 맞대고 앉아보세요.

서로의 숨소리를 느끼면서 천천히 숨을 쉬어봐요.

친구와 함께 있다는 것, 따뜻한 마음을 나누는 것을 느껴보세요.

우스트라 아사나 (낙타 자세)

무릎을 꿇고 앉아, 상체를 뒤로 젖히고, 두 손으로 발꿈치를 잡는 낙타 자세를 취하게 합니다.

무릎을 꿇고 앉아 손으로 발뒤꿈치를 잡아보세요.

가슴을 활짝 열고 하늘을 바라보며, 사랑하는 마음을 느껴봐요.

가슴으로 초록색 에너지를 상상하고 느껴봐요.

가슴이 따뜻해지고, 마음에 기쁨과 사랑이 충만한 것도 느껴봐요.

(5) 하늘색 에너지 보석 – 시원하게 말하기 (5번 비슷다 차크라)

우리 목에는 시원한 하늘색 에너지가 있어요!

이 에너지는 우리가 자신 있게 말하고, 예쁜 말로 표현할 수 있도록 도와줘요.

우르드바 다누라 아사나

(위를 향한 활 자세)

등으로 누워 무릎을 세우고 팔로 바닥을

짚은 다음, 몸을 활처럼 들어 올리는

자세를 취하게 합니다.

이 자세는 아이들에게 무리가 될 수 있으므로,

할 수 있는 만큼만 시도하도록 강조하며, 보조를 해주거나 설명만 할 수도 있습니다.

에너지 중심을 여는 차크라 보석 나무 요가 명상

손과 발은 바닥을 꽉 누르는 뿌리처럼 튼튼하게!

골반과 배꼽은 힘 있게 하늘로 쭉 들어 올려 봐요!

등과 가슴을 활짝 펴고,

내가 할 수 있다는 자신감이 온몸에 퍼져나가는 것을 느껴봐요.

목은 쭉 뻗어 앞을 바라볼게요.

목에 집중하면서, 하늘색 에너지를 상상하고 느껴봐요.

이 하늘색 시원한 에너지는 우리가 자신 있게 발표하고,

예쁜 말로 표현할 수 있도록 도와주는 에너지에요.

이 자세가 어려운 아이는 팔을 쓰지 않는 글루트 브릿지 자세를 취하도록 합니다.

글루트 브릿지

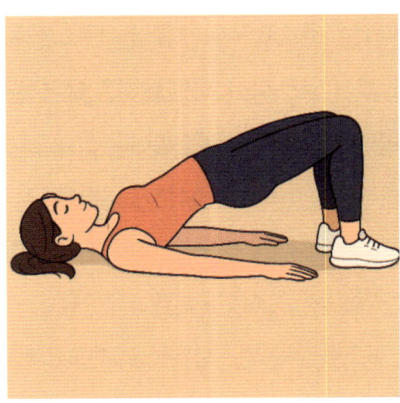

지금, 아이와 시작하는 통합명상

(6) 파란색 에너지 보석 – 꿈을 펼쳐봐 (6번 아즈나 차크라)

자, 이제 우리 이마에 있는 파란색 에너지를 만날 시간이에요!

이 파란색 에너지는 우리를 밝혀주는 지혜의 빛이에요.

또 우리가 원하는 꿈을 펼칠 수 있게 도와주는 아주 밝은 빛이에요.

발라아사나 (아기 자세)

무릎을 꿇고 앉아 상체를 앞으로 숙여
이마를 바닥에 대고 팔을 앞쪽으로 뻗는
아기 자세를 취하게 합니다.

이제 무릎을 꿇고 앉아 볼까요?

상체를 앞으로 숙여 이마를 바닥에 대고, 팔을 앞쪽으로 뻗어보세요.

이제 눈을 감고, 우리 이마에 반짝이는 아름다운 파란색 에너지 빛을
상상해 봐요.

에너지 중심을 여는 차크라 보석 나무 요가 명상

이 에너지 빛은 우리를 지혜롭게 하고,

멋진 생각을 떠오르게 하는 아주 밝고 따뜻한 빛이에요.

이제 이 파란 에너지 빛을 상상하면서, 마음이 환하게 밝아지는 것을 느껴보세요.

내가 더욱 지혜롭고 밝은 마음을 갖도록 도와주는 파란색 에너지예요.

(7) 보라색 에너지 보석(사하스라라) − 머리 위의 빛 왕관

파드마 아사나 (연꽃 자세)

바닥에 앉아 두 다리를 교차하여,

각 발을 반대쪽 허벅지 위에 올리는

전형적인 연꽃 자세를 취하게 합니다.

자세가 어려운 아이는 다리는 편하게

하도록 합니다.

천천히 몸을 옆으로 잠시 기울였다, 몸을 세우고 앉아보세요.

허리와 목을 바르게 세우고 앉아볼까요?

지금, 아이와 시작하는 통합명상

바닥에 다리를 교차해 앉아요. 어려우면 편안히 앉으면 되어요.

눈을 감고, 척추와 목을 곧게 세우고, 손등을 무릎 위에 올려요.

천천히 호흡을 한 번 할게요. 들이마시고, 내쉬고.

이제 양손을 머리 위로 높게 올려 꽃을 피우듯 둥글게 원을 만들어 봐요.

손끝을 살짝 흔들며, 머리 위로 보랏빛 에너지가 내려온다고 상상을 해봐요.

우리 머리 위에는 투명하고 아름다운 보랏빛의 왕관이 있어요.

양손을 머리 위로 들어 꽃 모양 왕관을 만들어볼까요?

머리 꼭대기에 천 개의 꽃잎이 활짝 피고, 보랏빛이 온몸으로 퍼져 나가요.

온몸이 환하게 밝아지는 기분을 느껴봐요.

몸과 마음이 환하게 빛나는 평화로운 느낌을 느껴봐요.

이 보랏빛 에너지는 내 몸과 마음을 더욱 밝고 충만하게 해줘요.

4. 마무리

편한 자세로 누워서, 사바 아사나의 자세를 취하고 마무리합니다.

이제 편안하게 바닥에 누워볼까요? 눈을 감고 편하게 쉬세요.

숨을 천천히 정리하고, 고요한 호흡 상태로 돌아올 때까지 잠시 기다려봐요.

들이마시고, 내쉬고, 천천히 들이마시고, 내쉬고, 다시 들이마시고, 내쉬어요.

에너지 중심을 여는 차크라 보석 나무 요가 명상

가슴이 뛰는 소리도 들어보고, 그 소리가 점점 고요해질 때까지 느껴보세요.

오늘 우리는 몸속에 숨어 있는 차크라 에너지를 만나고,

그 빛을 상상하며 내 몸과 마음을 건강하게 하는 에너지를 충만하게 했어요.

이제 내 몸속의 모든 차크라가 아름다운 빛으로 연결되어

하나의 무지개 보석 나무가 되었어요.

몸 전체의 에너지를 느끼고, 하나의

보석 나무로서 느끼도록 유도합니다.

사바 아사나 (휴식 자세)

이제 내 몸속의 모든 차크라가

아름다운 빛으로 연결되어 하나의

차크라 보석 나무가 되었어요.

속으로 같이 따라 해봐요.

나는 세상에서 단 하나뿐인

반짝반짝 빛나는 보석 나무예요. (세 번 반복)

보석 나무와 같이 빛나는 나 자신을 사랑하고,

지혜와 사랑의 에너지 빛을 받아 더욱 아름답고 행복해집니다.

지금, 아이와 시작하는 통합명상

5. 생각과 느낌 나누기

눈을 뜨고, 천천히 오른쪽으로 몸을 돌려서 일어나게 합니다.

명상 중에 느꼈던 느낌이나 생각을 자유롭게 나누도록 하고 지지해 줍니다.

명상 중에 떠오른 느낌이나 생각을 서로 이야기해 볼까요?

아사나 자세는 힘들지 않았어요?

에너지나 빛을 느낄 수 있었어요?

지금 몸이나 마음의 느낌이 어떠한가요?

지도 팁

– 아사나 자세는 아이가 할 수 있는 만큼만 편하게 하도록 합니다.

– 차크라의 위치에 에너지와 빛을 느낄 수 있도록 유도합니다.

– 못 느끼더라도 그저 편하게 상상하도록 합니다.

– QR코드를 이용하여, 통합명상협회의 동영상 파일을 활용해도 좋습니다.

"지금 여기에서! 함께 가는 길, 명상"

우리는 지금까지 아이들을 위한 다양한 명상을 살펴보았습니다. 싱잉볼 명상, 호흡 명상, 먹기 명상, 감정 알아차리고 흘려보내기, 자애 명상 등 어린이의 연령과 상황에 맞는 명상을 소개했습니다. 이러한 명상들은 어린이들의 집중력과 정서 지능을 향상하고, 스트레스 관리에 도움을 줍니다. 이 지도서에서 제안한 명상들은 부모님과 선생님들이 함께 실천할 수 있도록 구성되어 있습니다. 함께 명상하면서 서로를 더 깊이 이해하고, 소통하는 시간을 가질 수 있습니다. 이는 서로에 대한 유대감과 공감 능력을 키우는 데 도움이 될 것입니다.

명상의 핵심은 현재 순간에 깨어있는 것입니다. 숨을 천천히 들이쉬고, 감각을 느끼고, 지금 이 순간에 머무는 연습을 통해 아이들은 자신이 무엇을 느끼고 있는지를 스스로 알아차릴 수 있게 됩니다. 이러한 자각은 감정 조절, 자기 이해,

공감 능력과 같이 중요한 삶의 기술로 이어집니다. 자신의 감정과 생각을 더 잘 이해하고 조절할 수 있게 됩니다. 또한 명상은 집중력을 향상하고, 창의성과 상상력을 자극하여 전인적 성장을 돕습니다.

　명상의 핵심은 '꾸준히, 천천히'입니다. 명상은 단기간에 효과를 보기 어려울 수 있습니다. 꾸준히 실천하면서 어린이의 작은 변화에도 관심을 기울이고 격려해 주세요. 명상을 통해 어린이가 자신과 세상을 더 깊이 이해하고, 평화롭고 행복한 삶을 살아갈 수 있도록 돕는 것이 우리의 역할입니다. 부모님과 선생님들이 아이들과 함께 가정과 학교에서 조금씩, 함께 명상을 실천한다면 분명한 변화가 있을 것입니다. 잠시 숨을 고르고, 함께 앉아 바라보는 그 순간이야말로 아이와 내가 진짜로 연결되는 순간임을, 이 책을 통해 깨닫게 되기를 바랍니다.

　명상은 아이들뿐만 아니라 우리 모두에게 필요한 삶의 기술입니다. 아이와 함께 명상하면서, 우리 또한 성장하고 치유받을 수 있습니다. 이 여정이 때로는 도전적일 수 있지만, 분명 가치 있는 경험이 될 것입니다. 함께 호흡하고, 함께 깨어 있는 시간을 통해 어른과 어린이 모두 더욱 건강하고 행복한 삶을 살아갈 수 있기를 희망합니다. 지금 여기에서, 이 순간부터 시작해 보세요. 여러분과 아이들이 함께 가는 명상의 길을 응원합니다. 오늘부터 시작해 보는 건 어떨까요? 지금 이 순간, 깊은 숨을 한 번 들이마시고 내쉬어보세요. 이렇게 우리의 새로운 삶의 길이 시작됩니다.

　하루 5분씩 명상을 시작해 보세요. 점차 시간을 늘려가며 규칙적으로 실천하는 것이 좋습니다. 아이들과 명상을 시작할 때는 강요하지 말고 즐겁게 접근하는 것이 중요합니다. 명상을 게임이나 놀이처럼 재미있게 소개하세요. 부모님들과 선생님들께서는 먼저 본인이 명상을 경험해 보는 것이 중요합니다. 자신이 명상의 효과를 체험해야 어린이들에게 진정성 있게 지도할 수 있기 때문입니다. 처음에는 어린이의 연령과 성향에 맞게 명상 시간과 방법을 조절하세요. 어린 아이들은 집중 시간이 짧으므로 2~3분부터 시작해 점차 늘려갑니다. 활동적인 아이들은 걷기 명상이나 요가와 결합한 동적 명상이 효과적일 수 있습니다. 명상 후에는 어린이들과 경험을 나누는 시간을 가지세요. 어떤 느낌이 들었는지, 무엇을 발견했는지 물어보고 경청해 주세요. 이를 통해 어린이들은 자신의 내면을 탐구하고 표현하는 능력을 기를 수 있습니다.

평화와 사랑이 여러분 모두와 함께하기를 바랍니다. 이 책이 여러분의 삶에 작지만 의미 있는 변화를 불러오길 진심으로 희망합니다. 함께 호흡하고, 함께 성장하며, 더 나은 세상을 만들어가는 이 아름다운 길에 여러분 모두를 초대합니다.

처음 시작하기 어려운 분들은 QR 코드를 이용하여 오디오와 비디오 파일을 활용하세요.